Contemporánea

Federico García Lorca nació en Fuente Vaqueros (Granada) el 5 de junio de 1898, y murió fusilado en agosto de 1936. En 1919 estuvo en Madrid, en la Residencia de Estudiantes, conviviendo con parte de los poetas que después formarían la Generación del 27. Se licenció en derecho en el año 1923 en la Universidad de Granada, donde también cursó estudios de filosofía y letras. Viajó por Europa y América y, en 1932, dirigió la compañía de teatro La Barraca. Sus obras poéticas más emblemáticas son el *Romancero Gitano* (1927), donde el lirismo andaluz llega a su cumbre y universalidad, y *Poeta en Nueva York* (1940), conjunto de poemas, adscritos a las vanguardias de principios del siglo xx, escritos durante su estancia en la Universidad de Columbia. Entre sus obras dramáticas destacan *Bodas de sangre*, *La casa de Bernarda Alba* y *Yerma*.

Eutimio Martín (Palencia, 1935). Licenciado en Filología Románica por la Universidad de Madrid, obtiene el doctorado en la Universidad francesa de Montpellier con una tesis sobre la obra de Federico García Lorca. Desde 1964 reside en Francia, donde ha ejercido como profesor de Lengua y Literatura española en las Universidades de Niza y Poitiers. Actualmente es catedrático emérito de la Universidad de Aix-en-Provence. Ha publicado en francés: *La littérature espagnole d'aujourd'hui* (1972) y *Federico García Lorca. Un messianisme humaniste* (2007) y en castellano es autor de *Federico García Lorca: Poeta en Nueva York y Tierra y luna* (1981), *Federico García Lorca, heterodoxo y mártir* (1986), *Federico García Lorca: antología comentada* (1989) y *El quinto evangelio. La proyección de Cristo en Federico García Lorca* (2013). También es autor de *El oficio de poeta. Miquel Hernández* (2011) y de numerosos artículos sobre literatura e historia contemporánea española en diversas publicaciones.

Federico García Lorca

Cielo bajo
Suites

Edición a cargo de
Eutimio Martín

DEBOLS!LLO

Papel certificado por el Forest Stewardship Council®

Primera edición: octubre de 2017

© 2017, Penguin Random House Grupo Editorial, S. A. U.
Travessera de Gràcia, 47-49. 08021 Barcelona
© 2017, Eutimio Martín, por la edición
© 2017, Víctor Fernández, por la cronología

Penguin Random House Grupo Editorial apoya la protección del *copyright*.
El *copyright* estimula la creatividad, defiende la diversidad en el ámbito de las ideas
y el conocimiento, promueve la libre expresión y favorece una cultura viva.
Gracias por comprar una edición autorizada de este libro y por respetar las leyes del *copyright*
al no reproducir, escanear ni distribuir ninguna parte de esta obra por ningún medio sin permiso.
Al hacerlo está respaldando a los autores y permitiendo que PRHGE continúe publicando libros
para todos los lectores. Diríjase a CEDRO (Centro Español de Derechos Reprográficos,
http://www.cedro.org) si necesita fotocopiar o escanear algún fragmento de esta obra.

Printed in Spain – Impreso en España

ISBN: 978-84-663-3783-0
Depósito legal: B-14.485-2017

Compuesto en Comptex&Ass., S. L.

Impreso en Liberdúplex
Sant Llorenç d'Hortons (Barcelona)

P 3 3 7 8 3 0

Penguin
Random House
Grupo Editorial

Índice

Introducción 9
Advertencia al lector 45
Cronología 49

Cielo bajo. Suites........................... 65

Índice de contenidos 233

Introducción

> *J'entrevis enfin que ce dualisme discordant pourrait peut-être bien se résoudre en une harmonie. Tout aussitôt il m'apparut que cette harmonie devait être mon but souverain, et de chercher à l'obtenir la sensible raison de ma vie.*
>
> André Gide, «Si le grain ne meurt»

En 1972, Isabel García Lorca me dispensó la generosa comunicación de centenares de manuscritos juveniles inéditos de su hermano Federico. Como primerizos que eran, hay que suponer que su autor no los consideró aún aptos para la publicación. Francisco García Lorca, su más íntimo y eficaz colaborador en la selección para la imprenta de la obra poética inicial, *Libro de poemas*, ha considerado que todo ese material no sobrepasaba la condición de «simples "ejercicios" literarios». No deja, sin embargo, de manifestar su extrañeza al constatar una flagrante inconsecuencia en el carácter del poeta: «Es curioso que Federico, tan descuidado con sus originales, que fácilmente regalaba, haya dejado tras él parte de estos primeros balbuceos». Y concluye: «a mí me choca que no lo destruyera totalmente».[*]

Y si no lo destruyó fue, como diría Perogrullo, porque le interesaba guardarlo. Descartada la forma por torpe, quedaba el fondo. Cabe pensar que, si bien estaba insatisfecho de una deficiente técnica literaria, esos escritos no dejaban de transcribir un enunciado al que pensaba atenerse férreamente. Por otra parte, se había impuesto con el ejercicio literario una afirmación personal en extremo contundente y de muy graves consecuencias sociales. No le era posible manifestarse al desnudo, sin la debida protección críptica. Para ello necesitaba esperar a conseguir parapetarse tras la imprescindible habilidad estilística, aún por lograr.

Con su entrega al oficio de escritor había abrazado una perspectiva mesiánica contra la radical frustración humana. Semejante propósito, sin concesiones y a contracorriente, no podía por menos de exponerle a la crucifixión social.

Federico-Jesús García Lorca

De este maremágnum de escritos juveniles en prosa y verso sobresale, dentro del género dramático, una pieza titulada *Cristo* que figura, inconclusa, en dos manuscritos diferentes: *Cristo (Poema dramático)*, en verso, y *Cristo (Tragedia religiosa)*, en prosa. El primero desarrolla un corto diálogo entre María y José en su hogar de Nazaret. José se muestra abrumado por la vejez y preocupado por la inestabilidad económica en que sume a su familia la imposibilidad de seguir trabajando:

---

[*] Francisco García Lorca, *Federico y su mundo*, Madrid, Alianza Editorial, 1981, pp. 165 y 168.

> Mi dolor es profundo como el mar.
> Te dejo abandonada
> sin óleo y sin harina
> y aún te queda gran trecho de sendero que andar.

El manuscrito se interrumpe bruscamente en este punto del diálogo:

> JOSÉ. Mujer,
> ¿tú me has amado siempre?
> MARÍA. Has sido mi cayado.

Queda la pregunta sin respuesta y la obra en suspenso. El poeta ha renunciado a tratar un tema por demás peliagudo: los celos de san José. Este es el relato de Mateo en el primer capítulo de su Evangelio:

> María estaba comprometida con José. Pero antes de que empezaran a vivir juntos, ella se encontró embarazada por el poder del Espíritu Santo. Su esposo José, como era justo y no quería denunciarla públicamente, resolvió abandonarla en secreto. Ya lo tenía decidido, cuando el ángel del Señor se le apareció en sueños y le dijo: «José, hijo de David, no tengas miedo en tomar contigo a María, tu esposa, porque lo que ella ha concebido viene del Espíritu Santo». Despertó José del sueño e hizo como el ángel del Señor le había mandado y tomó consigo a su esposa. (Mateo I, 18-20)

Este pasaje de la Sagrada Escritura ha dejado profunda huella tanto en el arte como en la literatura. Un ejemplo en el terreno de la escultura: no hay turista que pase por alto en la catedral francesa de Autun el capitel que refleja a un esposo de la Virgen sumido en la perplejidad.

En el terreno literario, Gómez Manrique, iniciador de la dramaturgia castellana, ya abordó las dudas de san José sobre la honra de su esposa en *Representación del nacimiento de Nuestro Señor* (1476).

En 1588, el tribunal del Santo Oficio prohibió el *Auto de la confusión de san José* de Juan de Quirós. No puede descartarse que Lorca hubiera leído estas obras. Y menos aún que ignorara *Los celos de san José* de Antonio Mira de Amescua. Es un clásico del teatro religioso del siglo XVII que difícilmente pudo desatender. En esta obra María y José están ya casados pero han hecho voto de castidad, y José constata una evidencia insoportable:

> Mi Esposa, mas no lo creo
> está preñada, ¿qué digo?,
> ¿preñada? Sí, aquesto es cierto, que lo que afirman los ojos
> no ha de negarlo el afecto.

La innegable realidad le resulta obviamente inadmisible:

> ¡Mienten, mienten los ojos
> que lo vieron
> que María es más pura que los cielos!

Hasta que la aparición del ángel le devuelve la paz interior.

El impacto del tema ha sido tal que incluso ha irrumpido en el terreno popular de los villancicos. Con el título preciso de *Los celos de san José* se ha recogido en la provincia de Toledo un villancico que rezuma una sabrosa ingenuidad, como corresponde al género. María responde al ángel Gabriel:

> Varón no conozco
> para que conciba
> si José se entera
> puede que me riña.

José reacciona en buena lógica:

> ¿Qué es esto que veo
> mi esposa preñada?
> O mienten mis ojos
> o pierdo mi fama.

El sentido del honor se impone sobre la protesta de María:

> El irme y dejarte
> será lo mejor
> y qué sabe nadie
> en yéndome yo.

Y no era un propósito en el aire:

> Hizo con su ropita
> un lío
> para irse
> y se durmió.

Como era de esperar, tras la revelación del ángel,

> Se levanta el santo
> y humilde se postra
> y perdón le pide
> a su amada esposa.

No era para menos el dilatado brote en el terreno artístico y literario de cuestión tan peliaguda, ofrecida en bandeja por los Santos Evangelios. San José encuentra embarazada a quien, según el evangelista, todavía era su novia. Todas las versiones, cultas y populares, se ajustan a la ortodoxia canónica. ¿Quién va a osar habérselas con el tribunal de la Santa Inquisición? Pero Lorca considera humanamente comprensible que José se resistiera a creer en la obra del Espíritu Santo e incurre en flagrante heterodoxia: el arcángel san Gabriel no ha convencido del todo al sufrido esposo de María.

El Vaticano instituyó el 19 de marzo como festividad de San José obrero. Sin duda, nuestro incipiente escritor tenía la intención de sumarse, en mayor o menor grado, a esa *vox populi* que ha ampliado el patrocinio eclesiástico declarando por su parte santo patrón de los cornudos al atormentado esposo de la Virgen.

Pero no pudo o no quiso Lorca desarrollar un tema que tal vez fuera a estructurar la obra. O, en todo caso, a apuntalarla. De modo que no tenía sentido continuar en esta dirección. Abandona, pues, el «Poema dramático», pero recoge el inicio:

> MARÍA. *(hilando)* Tranquila está la tarde.
>   ¿Pasaron los camellos de Daniel?

Y, transcrito en prosa, inicia así *Cristo (Tragedia religiosa)*:

> MARÍA. *(hilando)* ¡Tranquila está la tarde! ¿Pasaron los camellos de Daniel?

Ahora prosificada, esta segunda versión de *Cristo*, aunque más amplia (comprende 36 hojas y abarca todo el primer acto y cuatro escenas del segundo de la otra versión) también quedará inconclusa. En ella recoge e intensifica la preocupación del anciano José por el porvenir económico de la familia: «Si yo no me sintiera viejo en esta casa brillaría la felicidad… Pero ¡ya no puedo trabajar! Estas manos que han domado a los árboles y han arrancado raíces profundas, se han secado para siempre. ¡Ya sólo sirven para pasto de perros hambrientos!».

Y a renglón seguido acentúa su queja encadenándola a una condición de padre de familia numerosa: «*mis hijos* son tan pobres como yo». Frente a todo reproche, de nuevo atentando a la ortodoxia doctrinal, Lorca puede aducir que no se aparta del texto evangélico. San Mateo, sin ir más lejos, ha escrito (12, 47): «Alguien le dijo [a Jesús]: "Oye, ahí fuera están tus padres y tus hermanos que desean hablarte"». Ya de entrada, en el primer capítulo del evangelista Mateo podía leerse: «peperit filium suum primogenitum*».

La heterodoxia lorquiana irá en auge a todo lo largo del texto y en la escena IV del primer acto irrumpirá en un terreno por demás insólito: el erotismo de Jesús. Lorca le atribuirá una novia inesperada: Esther, hija de Daniel en la obra. El Hijo de Dios acaricia ya la posibilidad de una feliz vida hogareña cuando, fulminado por una súbita impotencia sexual, se ve con angustia abocado a una radical frustración amorosa:

> Venía yo por el camino y, en el silencio de la noche, quise amarla y la amé con todas mis fuerzas… Veía yo su sonrisa de transfigurada cuando yo me acercara a decirla: «Esther, yo te

---

* Ofrecemos una cita en latín del texto canónico de la Vulgata de san Jerónimo porque en la edición en castellano a nuestro alcance leemos: «dio a luz un hijo». Sin más. Se ha suprimido el término «primogénito» para no alterar la paz y piedad de las familias católicas con peligrosos conflictos dialécticos.)

amo, sé mi esposa». Madre, yo imaginaba entonces para mí una vida tranquila y dulce, mi huerto lleno de lirios, mi campo de trigo y las risas de mis hijos. Yo soñaba con un monte de paz donde mi alma se adormeciera sin dolores y con unos soles muy plácidos y unas noches muy tranquilas. Quise dar gracias al Señor por el bien que me concedía y, al mirar hacia el cielo, todas las estrellas que se ven y que no se ven cayeron sobre mí y me taladraron con sus puñales de luz la carne y el alma y me incendiaron de locura este corazón que era de fuego, dejándome la carne fría y dura como la nieve de las cumbres.

No aparece el nombre de Esther en ningún evangelio. Es una figura del Antiguo Testamento. Judía, y esposa del rey persa Asuero, intervino para que no se llevara a cabo el decreto de exterminación de los judíos. ¿Por qué el poeta eligió este nombre como pareja de Jesucristo? ¿Esther comparte con Jesús un papel mesiánico y constituiría esta pareja un doblete del propio Lorca lanzado a la literatura para apagar el eco de la profunda frustración lorquiana, eje estructurante de su teatro: la esterilidad? ¿Esther prefigurará a Yerma por simple afinidad semántica?

En eco a «la carne fría y dura como la nieve de la cumbres» de que se lamenta Jesús acuden sin tardar a la memoria del lector los versos de «Pequeño poema infinito» en *Poeta en Nueva York*: «Equivocar el camino / es llegar a la nieve / […] equivocar el camino es llegar a la mujer».

La identificación del poeta con Jesucristo, novio de Esther, parece evidente. Tampoco él puede llamarse a engaño sobre la catástrofe que le ha caído encima y decide aferrarse a una obra literaria para evitar a toda costa quedar reducido a escombro social.

La matriz de la literatura lorquiana

El estigma de la homosexualidad, asumido en una identidad que se escuda en la figura de Cristo, será la matriz donde se engendre la actividad poética de García Lorca. Sigamos el proceso.

En *Cristo (Poema dramático)* «Jesús - 19 años» encabeza la lista de «personajes». Es sorprendente tal precisión en la edad del protagonista. En un reparto nos esperaríamos una acotación más vaga. Algo así como «Jesús - joven». O bien «Jesús – como de veinte años». ¿Por qué 19 precisamente y no 18 o 21? Es difícil no deducir de tal exactitud un marcado signo autobiográfico. ¿No son los 19 años que cuenta el autor entre junio de 1917 y junio de 1918? Tenemos la suerte de contar con la partida de nacimiento como escritor de Federico García Lorca, extendida de su puño y letra. Al final de un texto juvenil titulado «Mística en que se trata de Dios», leemos:

> Noche del 15 de octubre. 1917.
> 1 año que salí hacia el bien de la literatura.
> Federico

En efecto, fue exactamente el 15 de octubre de 1916 cuando el estudiante de la Universidad de Granada Federico García Lorca salió en viaje de estudios por Castilla y Galicia. En este recorrido se fraguó su primer libro: *Impresiones y paisajes*.

No resultará ocioso subrayar que en el texto «Mística en que se trata de Dios» Lorca ha explicitado el sentido mesiánico -caballeresco de su dedicación a la literatura: «Caballeros andantes de tu bien seremos los pocos que te amamos».

Y, como buen neófito, el joven Federico se lanza a la escritura con una actividad febril. Francisco García Lorca atestigua: «En el año 1916 se despierta en Federico la afición a escribir, actividad a la que poco después se entrega ardorosamente, simultaneando el verso y la prosa. Era un llenar cuartillas sin cuento; un ejercicio incesante al que se entregaba principalmente de madrugada».

Esta entrega tan apasionada como súbita de Federico al ejercicio literario presenta un significativo carácter tardío: «No hay precocidad alguna en su dedicación a la poesía [...] El despertar no ciertamente precoz de la afición de Federico por la poesía se mostraría diciendo que yo, cuatro años menor, comencé a hacer versos algo antes que él».[*]

Parece pues Lorca haber ingresado en una especie de Orden de la Literatura Andante, arrastrado por un irresistible e inesperado impulso.

Pero ¿había en Lorca una Esther que le permitiera a él identificarse con su *alter ego* divino en el trance de impotencia amorosa heterosexual? No es difícil rastrear en su obra inicial la huella de un primer amor fracasado y perdido para siempre. Una plenitud en el pasado subrayará la impotencia en el presente:

> Yo la he visto pasar por mis jardines
> ....
> Nunca más la veré, pues ya mi alma
> entró en el reino del placer sombrío.

En *Pierrot (Poema íntimo)*, obra lírico-dramática fechada el 9 de marzo de 1918, nueva reencarnación del poeta, se prolonga el Federico-Jesús de *Cristo (Tragedia religiosa)*: «Mi paloma lleva en su pico de plata rosas amargas de mi jar-

[*] *Ibid.*, pp. 160 y 166.

dín oculto. Yo tenía en el alma una vaga leyenda de mujer y un día de verano espléndido sentí un gran estremecimiento. Se había despertado mi estatua y me había estrujado el corazón».

Ian Gibson considera fuera de duda que el poeta ha vivido realmente una experiencia amorosa heterosexual. El emblemático biógrafo de Lorca ha localizado a la persona en concreto que bien pudiera merecer el paralelo con Esther. En el capítulo primero de su libro *Lorca y el mundo gay* señala Gibson a una tal María Luisa Natera Ladrón de Guevara. Se conocieron María Luisa y Federico en 1916. No salimos de una crucial cronología. Ella tenía 14 años y él 18. La edad no podía facilitar la relación. El recuerdo de la bella muchacha de ojos azules quedó profundamente anclado en la poesía juvenil lorquiana.

El surgimiento de una evidente condición homosexual fue un rayo que fulminó al poeta. Quedó anonadado e hizo portavoz a Jesús de la lapidación social que le acechaba: «Madre, si yo fuera lago, lloverían constantemente piedras sobre mi superficie. ¡Estoy hecho para el dolor!».

El 7 de mayo de 1918 Lorca manifiesta la precaución que se impone:

> Que nadie sepa nunca mi secreto.
> el secreto de mi corazón.
> ....
> ¡Qué amargura tan dulce es querer
> con amor imposible y doliente!
> ....
> Pero nadie sobre el mundo
> sabrá mi secreto. ¡Aguarda,
> aguarda, luna rosada!

Que yo me iré a tu reinado
blanco como desposada.

Ahora bien, en este mismo mes y año no se resiste a compartir su grávido secreto con Adriano del Valle, un amigo tan reciente que ni siquiera tutea:

> Soy un pobre muchacho apasionado y silencioso que, casi casi como el maravilloso Verlaine, tiene dentro una azucena imposible de regar y presento a los ojos bobos de los que miran una rosa muy encarnada con el matiz sexual de peonía abrileña, que no es la verdad de mi corazón. [...] Hay en nosotros, amigo Adriano, un deseo de querer no sufrir y de bondad innata, pero la fuerza exterior de la tentación y la abrumadora tragedia de la fisiología se encargan de destruirlos.

Al poeta le está vedado manifestar un amor que no corresponde al código que la sociedad le exige. Y, sin embargo, se juega en esta imposibilidad su condición misma de poeta abortada de raíz si rehúye la ineludible expresión amorosa.

La radical entrega a la literatura por parte de Lorca es tanto más sorprendente cuanto que Federico era «el músico» de la tertulia de El Rinconcillo y aquel viraje artístico les dejó perplejos. Como intérprete gozó del aprecio entusiasta del propio Falla, que no le escatimaba elogios: «Pero hombre, señor Lorca, ¿de dónde saca usted esa gracia interpretativa, esa exactitud, esa comprensión del *Preludio* de Debussy, con esos endiablados arpegios?». La admiración mutua que se profesaban originó colaboraciones tan importantes como la organización del Concurso del cante jondo de Granada en 1922.

Y es en 1917 (con 19 años) cuando Federico decide súbitamente abandonar la carrera de músico profesional para convertirse en escritor. En una nota autobiográfica, declara el poeta durante su estancia en Nueva York: «La vida del poeta en Granada, hasta el año de 1917, es dedicada exclusivamente a la música. Da varios conciertos y funda la Sociedad de Música de Cámara [...]. Como sus padres no permitieron que se trasladase a París para continuar sus estudios iniciales, y su maestro de música murió, García Lorca dirigió su dramático, patético afán creativo a la poesía».

No son muy convincentes las razones que ofrece Lorca para explicar el abandono de la música por la poesía. Un maestro de música puede ser reemplazado por otro. Y no es absolutamente necesario desplazarse a París para poder continuar los estudios musicales. De todos modos, los padres de Federico no manifestaron un excesivo entusiasmo por la resuelta consagración de su hijo a la literatura. No hay más que leer la correspondencia familiar. La madre, en particular, no cesó de recriminarle una actividad que no consideraba de provechoso porvenir. Tuvimos la oportunidad de recoger de viva voz una confidencia de su hermano Francisco, que nos comunicó a este propósito: «Mi padre quería que Federico hiciera Derecho para ocuparse de la gestión de los bienes familiares, como primogénito que era. A la discusión sobre este tema, mi padre, harto, le puso punto final con un contundente: "De todos modos Federico va a hacer lo que le salga de los cojones"».

Es evidente que le movía al poeta un motivo de carácter tan urgente como ineludible. Asumir la homosexualidad implicaba enfrentarse a una marginación social y, no digamos, familiar. Se vio inerme, como músico, ante la necesidad de integrarse en una minoría de la que ignoraba todo código o modo de vida. A Federico le resultaba inaceptable ser víctima de un exilio visceral absoluto. Hubo de romper la frontera insoportable de la discriminación y, para lograrlo, consideró que le sería más útil servirse de la literatura que de la música.

En la masa de sus primeros poemas opera Federico, junto con su hermano Francisco, una laboriosa selección y el 15 de junio de 1921 sale de la imprenta el primer libro de versos: *Libro de poemas*. Una «Justificación» introduce, a manera de pórtico, al lector: «Ofrezco en este libro, todo ardor juvenil, y tortura, y ambición sin medida, la imagen exacta de mis días de adolescencia y juventud [...] va el reflejo fiel de mi corazón y de mi espíritu...» Francisco García Lorca rubricará en sus memorias: «El *Libro de poemas* es esencialmente un acto de impetuosa afirmación personal».[*]

Libro de poemas rezuma angustia erótica ya desde la primera composición:

> Viento del Sur.
> Moreno, ardiente,
> llegas sobre mi carne
> trayéndome semilla
> de brillantes
> miradas, empapado de azahares
> [...] pero vienes
> ¡demasiado tarde!

Catapultado a un angustioso, mortal callejón sin salida, se encuentra ahora condenado a la muerte en vida en el poema «Balada de un día de julio»:

---

[*] *Ibid.*, p. 194.

> Adiós, mi doncellita,
> rosa durmiente,
> tú vas para el amor
> y yo a la muerte
> […] Mi corazón desangra
> como una fuente.

Su estreno como poeta no pasa desapercibido en la prensa madrileña. Su amigo Adolfo Salazar dio noticia del libro en *El Sol* de Madrid, nada menos. Era una salida al elitismo informativo y cultural por la puerta grande del periodismo nacional. El amigo crítico subrayó «la rara categoría de este poeta». Pero el lector se quedó sin saber en qué consistía esa rareza y hubo de contentarse con el fácil tópico de una «promesa del granar más rico».

El poeta, a fuer de sincero, se mostrará un más avispado y exigente crítico. Le agradece a Salazar su generosa reseña, pero puntualiza: «cuando las poesías estaban en la imprenta me parecían (y me parecen) todas lo mismo de malas […] En mi libro yo no me encuentro, estoy perdido por los campos terribles del ensayo, llevando mi corazón lleno de ternura y de sencillez por la vereda declamatoria, por la vereda humorística, por la vereda indecisa, hasta que al fin creo haber encontrado un caminito inefable lleno de margaritas y lagartijas multicolores».

Ha subrayado «vereda indecisa» porque es ahí donde le duele. Pero ¿a qué «caminito inefable» se refiere que le ha granjeado la ansiada precisión? Se diría que ha podido al fin emprender una trayectoria personal, indeciblemente prometedora.

Una elaboración apasionada y un resultado finalmente hipotético

En *Libro de poemas* figuran versos escritos entre 1918 y 1920. A finales de 1920 Lorca alternó la composición de estos poemas con otros de distinta modalidad. Este nuevo derrotero le daba entera satisfacción, como le decía a su familia en una carta de mayo de 1921, y le auguraba «un libro de cosas extraordinariamente nuevas en forma de *suites* que creo es lo más perfecto que he producido». El término «suite» designa una pieza musical compuesta de diversos pasajes en la misma tonalidad, de modo que, sin perder un carácter propio, mantienen la unidad interna de la pieza. Lorca recuperará esta denominación para aplicarla en su obra a una sucesión de breves poemas en torno al mismo tema que así varían o profundizan. Es una revancha que se toma sobre su frustración musical. Puede consolarse diciendo que, si no compone, al menos escribe *suites*.

A partir de 1920 se entrega a las *Suites* con una gran pasión, como confía a sus más íntimos amigos en julio de 1923: «He terminado un poema, "El jardín de las toronjas de luna", y estoy dispuesto a trabajar todo el verano sobre él [...] Puede decirse que lo he hecho de una manera febril pues he trabajado veinte días con sus veinte noches [...] pero no ha sido más que para fijarlo».

A este ritmo, no es extraño que tres meses más tarde le comunique a Melchor Fernández Almagro: «Quisiera publicar mis *Suites* pues estoy que *ya no puedo más*». Al mes siguiente (noviembre de 1923) se le presenta la ocasión de publicarlas en México (aunque «no todas») en un cuaderno literario a cargo de Alfonso Reyes. Intento fallido. El horizonte parece despejarse el mes de octubre de 1926, cuando Emilio Prados le propone la publicación de *Suites* junto con *Poema del cante jondo* y *Canciones*. El poeta considera, según le había comunicado a su hermano Francisco, que ha de publicar «los tres [libros] juntos porque se completan uno a otro y forman un conjunto poético de primer orden. [...] Las *Suites* arregladas quedan deliciosas y de un lirismo profundísimo». Pero surge una desavenencia entre editor y autor a propósito de la condición de los originales y, finalmente, Emilio Prados no publicará más que *Canciones*. El libro *Suites* quedará para siempre reducido a la condición de proyecto. Lo más lamentable es la pérdida del índice del libro en manos de Emilio Prados. Ello nos obliga a una recomposición forzosa y definitivamente hipotética.

La peregrina primera edición de *Suites*

En septiembre de 1981, la editorial francesa Gallimard anunció en el catálogo de su mítica colección «La Pléiade» la publicación de la obra completa de Lorca. Desde 1933 no hay escritor que no sueñe con alcanzar la categoría de «clásico» en la prestigiosa «Bibliothèque de La Pléiade». Federico García Lorca asciende a este monte Parnaso galo de la literatura universal donde no moraba más que un solo escritor de lengua española: Miguel de Cervantes.

La edición corre a cargo de André Belamich, que ha recopilado para los diferentes títulos las traducciones de los más significados lorquistas franceses: Claude Couffon y Robert Marrast, entre otros. Él, André Belamich, se ha encargado de *Suites*. Y he aquí que este título, con carácter más o menos fantasmagórico, cobra presencia, como libro, en francés antes que en español.

Pero, ¿quién es él? ¿Cómo y por qué es quien se encarga de esta singular tarea? André Belamich (1914-2006) nació en Orán, donde fue compañero de Albert Camus en Khâgne (una especie de preuniversitario selectivo francés). Licenciado en *Lettres Modernes*, tuvo como alumno a Jean Daniel, el director del influyente semanario *Le Nouvel Observateur*, en cuyas páginas se reservaba a Camus un trato privilegiado. André Belamich, Albert Camus y Jean Daniel formaron un sólido trío de intelectuales *pieds noirs*. Arropado por sus dos célebres paisanos, Belamich, que ardía en ansias de consagrarse en cuerpo y alma a la versión francesa del autor del *Romancero gitano*, figuraba ya como traductor de Lorca en el catálogo de Gallimard desde 1951. Cuando fue cuestión de publicar la obra completa de Lorca en «La Pléiade», Belamich contaría sobre todo con un valedor decisivo, Albert Camus, autor emblemático de la editorial Gallimard, sobre todo a partir de la obtención del Nobel en 1957.

La aparición de *Suites* en francés antes que en español (incluidas variantes y tachaduras) levantó ronchas entre «la internacional lorquista». Urgía la publicación del texto original de *Suites*. Forzosamente lo tenía ya listo Belamich antes de emprender la traducción francesa. Pero, en cierto modo, estaba obligado a partir de cero para la edición del texto original en español, puesto que no había obrado como un simple traductor sino que pretendía recrear en francés unos poemas escritos en otro idioma. De hecho, no han faltado lorquistas franceses que han señalado infidelidades de bulto entre original y traducción sin saber a qué atribuirlas: ¿a una personal consideración del papel de traductor o a simple ignorancia del idioma castellano? Se había alzado, pues, con discutible legitimidad, a la categoría de coautor, y estaba obligado a asumir el papel de editor sin tener en cuenta para nada su obra de traductor, pues, como editor, debía atenerse al respeto estricto de las reglas de la ecdótica. Así denominan los lingüistas la tarea de editar textos. Obliga al que la practica a respetar al máximo el original o, en su defecto —y este es el caso que nos ocupa—, a discernir la posible voluntad del autor. De cualquier forma, el presunto editor ha de comenzar por eliminar y evitar todo error de transcripción. Y tratándose de los manuscritos de Federico García Lorca resulta un trabajo digno de ser añadido a los doce de Hércules.

La edición crítica de André Belamich

Los herederos de Federico García Lorca no tuvieron nunca la intención de relegar al lector español tras la edición en francés de *Suites*. Paralelamente al contrato de publicación con Gallimard, el catálogo de la editorial barcelonesa Ariel anunciaba una colección «Biblioteca García Lorca», donde figuraría la edición crítica de toda la obra del poeta. Allí apareció el título *Suites*, a cargo de André Belamich, a partir de octubre de 1983.[*] La contraportada ponía de relieve, con sobrado motivo, «la publicación tanto tiempo esperada».

Destacados lorquistas habían precedido a Belamich en el intento de reconstitución de *Suites*. Jacques Comincioli, Miguel García-Posada y Arturo del Hoyo habían espigado en el epistolario del poeta, en revistas (*Índice*, *Verso y Prosa*, etc.) y libros (*Primeras canciones*) que habían ofrecido muestras del libro nonato. Pero lo cierto fue que, hasta André Belamich, las denominadas *Suites* habían sido relegadas a la informe sec-

---

[*] No aparecieron más que otros dos volúmenes: *Libro de poemas* y *Poeta en Nueva York. Tierra y luna*, a cargo de Ian Gibson y Eutimio Martín, respectivamente.

ción de «poemas sueltos» en todas las ediciones de obras completas, a la espera de la inclusión en un libro preciso. Obtuvo *Suites* categoría de libro gracias a André Belamich, que no se limitó a una labor de recopilación de obra dispersa, sino que aumentó considerablemente el acervo lorquiano adscrito a este título. Gozó para ello de un trato de favor por parte de la familia del poeta, que le facilitó una inédita documentación proveniente de archivos personales de allegados influyentes, como el embajador mejicano Genaro Estrado; y, sobre todo, puso a su disposición carpetas de colegial donde permanecían inéditos una considerable cantidad de versos que podían ser incluidos en el libro en cuestión. El balance final de inéditos resultó impresionante: dos prosas poéticas, 140 poemas. En total: más de 2.000 versos.

¿Qué permite identificar como *suite* a una composición poética lorquiana? El caso es que no se han conservado más que cuatro series de poemas que llevan expresa esa denominación. André Belamich se guía, según nos explica, por dos criterios para aplicar esta etiqueta:

> 1) «La organización de los poemas en series [...] Estas series se presentan como las etapas de una meditación que va profundizando el mismo motivo. Casi siempre [*sic*], aun cuando las cuartillas no han sido numeradas, la entidad de cada conjunto es evidente».
> 2) «La época de composición de las *Suites* [...] corresponde a una fase de intensa experiencia poética y reflexiva del poeta que se sitúa de finales de 1920 a principios de agosto de 1923».

El propio Belamich reconoce la fragilidad de los dos criterios de identificación: el primero funciona «casi siempre» y, por otra parte, «dada la falta de numeración de las *suites* y el desorden en que se hallaban, ha sido difícil establecer la continuidad de una *suite*». Sin embargo, establece un balance final en extremo optimista: «En contadísimas ocasiones subsisten dudas, y las expongo en el aparato crítico».

Una vez localizadas las *suites* tuvo que proceder a su agrupación u ordenamiento. La norma adoptada por el editor parece obvia: «el orden cronológico de su composición». Ahora bien, no todas las *suites* llevan fecha, y cuando están fechadas no sabemos si corresponde a la composición o a una copia revisada.

Sobre la índole efectiva o eficaz de su trabajo, necesariamente provisional en mayor o menor grado, no se llamaba a engaño: «Huelga decir que el libro que el lector tiene en sus manos no es exactamente el que hubiera publicado el autor, tanto en lo que se refiere a la identidad definitiva de los poemas que lo integran cuanto a la organización de las series». En una carta fechada el 6 de abril de 1982, André Belamich me comunicaba: «presento las *Suites* como una obra que sigue en el telar y no como una obra concluida».

Con categoría indiscutible de *suite*, Belamich recoge 27 composiciones cuyo contenido varía de 3 a 17 poemas. Remite a dos apéndices: 1) 28 «poemas descartados» («por figurar en el manuscrito, aunque enteros, tachados o encuadrados»); 2) 17 «*suites* mutiladas y poemas sueltos». En total, Belamich acopia 72 textos a los que aplica el denominativo de *suite* con pleno o incompleto sentido.

No obstante, han pasado ya más de tres decenios y se ha vuelto imprescindible tener en cuenta las valiosas aportaciones de otros especialistas en la obra lorquiana e intentar así actualizar la que pudiéramos arriesgarnos a denominar edición *princeps*.

André Belamich me había ofrecido colaborar en la reconstitución de *Suites*. Ni que decir tiene que acepté de mil amores. Mantuvimos una nutrida y minuciosa correspondencia durante el año 1982. La proximidad geográfica (ambos residíamos en la Provenza; él en Villefranche sur-Mer y yo en Aix en Provence) facilitaba nuestra tarea cuando era necesario trabajar de viva voz. Con la generosidad intelectual que le caracterizaba, me escribía en abril de 1982: «J'ai lu à la loupe vos cinq pages de corrections et suggestions dont je vous suis très reconnaissant. C'est de "la belle ouvrage" et les Suites y gagneront beaucoup [...] Dans quelques rares cas je maintiens, avec des nuances, mes positions».* Considero la edición que ahora propongo al lector como una prolongación de mi trabajo en equipo con André Belamich. Puedo emprender la presente revisión basándome fundamentalmente en los manuscritos que utilizó Belamich y que obran en mi poder. Esta tarea exige no poco aliento y capacidad en el cultivo de la ciencia ecdótica. Christian de Paepe ya nos había advertido: «*El libro de las suites* de Lorca es una verdadera selva textual y un rompecabezas crítico».**

Me adentro, por consiguiente, en esta selva textual, armado con los manuscritos que André Belamich me ha facilitado.

Una identidad proteiforme

Podemos dar por seguro que *Suites* no podrá nunca desprenderse de un carácter proteiforme, por la sencilla razón de que

---

* André Belamich no ha dejado de mencionarme como colaborador en cuantas ocasiones ha tenido de presentar *Suites* en público y haciéndolo constar en la propia edición.

** Christian de Paepe: «Tres suites recompuestas y tres poemas inéditos de F. García Lorca», *Boletín de la Fundación F. G. Lorca*, vol. 8, n.º 16, p. 7.

el material del que se dispone no lo permite. Ni del título del libro podemos estar seguros.

Era de esperar que la reconstitución laboriosa y fundamental de André Belamich no suscitara el total asentimiento de los editores que le sucedieron. Empezando por Arturo del Hoyo, que ya había trabajado con el tesón y la eficacia que le caracterizaba para incluir *Suites* en la canónica edición de Aguilar.

En 1986 Arturo del Hoyo incorporó a las *Obras completas* de Aguilar la edición de Belamich, pero descartó las tres *suites* extraídas de *Primeras canciones* e incluyó en la sección «Otros poemas sueltos» las que constan de un solo poema. Obra al dictado de dos exigencias que él consideró ineludibles en esta tarea precisa de editor: respetar el índice de un libro ya publicado en vida del poeta y atenerse al significado estricto del término *suite*, que implica una continuación. Establece al final un índice de 39 *suites*, 16 de las cuales considera incompletas.

En 1996 Miguel García-Posada añadió, como él mismo ha indicado, «otro jalón más en la reconstrucción del libro lorquiano». Ha completado, en efecto, la revisión de Belamich con nueva aportación personal. Y especifica el siguiente método y resultado: «Como criterio textual de base, doy siempre las *suites* completas o con mínimas pérdidas; reservo para el apéndice anexo a esta obra las *suites* mutiladas; en «Poesía varia» se encontrarán los textos en embrión o no revisados a fondo por el autor; así como los que él descartó».[*]

García-Posada incluyó 30 *suites* completas o consideradas como tales en el primer apartado. Añadió 10 en el segundo y otras 12 en el tercero. Resulta un total de 52 composiciones.

---

[*] Federico García Lorca, *Obras completas*, Miguel García-Posada, ed., vol. I, Barcelona, Galaxia Gutenberg, p. 895.

En lo que a la presente edición concierne, me atengo al sentido estricto del término *suite* y, en consecuencia, omito toda composición que no presente la necesaria garantía de forma plural. Remito a un apéndice las composiciones que adolecen, a juicio mío, de un manifiesto carácter inconcluso o cuya identidad de *suite* me parece dudosa.

Suites o *Cielo bajo*

¿Tenía Lorca la intención de adoptar para este libro el título genérico de *Suites*, meramente formal, o pensaba designarlo de manera más expresiva favoreciendo la atención del lector sobre su significado? En los originales de los poemas «Remansos» y «Cuatro baladas amarillas», enviados a la publicación, leemos el autógrafo «de las *Suites* o *Cielo bajo*».

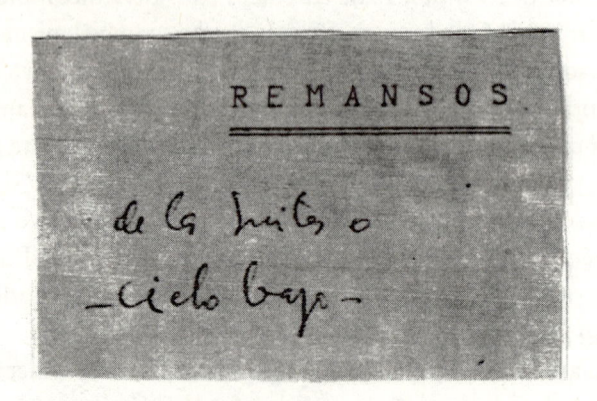

Esta insistencia en la mención por duplicado de un título descriptivo (*Cielo bajo*) merece ser tenida en cuenta. Sin olvidar tampoco el interés del autor por señalar el género particular de las composiciones que lo integran (*Suites*). Propongo aceptar como definitivo el título *Cielo bajo. Suites*. Es cierto que en la antología de Gerardo Diego (1934) se alude a estas composiciones como *Libro de las diferencias*. Pero *Cielo bajo* lo ha propuesto el poeta por partida doble y a mano, incorporando, además, dos poemas de particular interés, puesto que figuran en *Primeras canciones* (1936). Y quién sabe si *Libro de las diferencias* no fue un título de la cosecha del propio Gerardo Diego, que no perdía ocasión de afirmar su competencia como musicólogo.

Comprendo que no le resulte fácil al lector aceptar *Cielo bajo* como referencia en el catálogo de la obra lorquiana. Permítame abundar en este sentido.

En enero de 1935, en pleno apogeo de una celebridad sin fronteras, García Lorca declaraba a la prensa: «Yo me sorprendo mucho cuando creen que esas cosas que hay en mis obras son atrevimientos míos, audacias de poeta. No. Son detalles auténticos, que a mucha gente le parecen raros porque es raro también acercarse a la vida con esta actitud tan simple y tan poco practicada: ver y oír; ¡una cosa tan fácil! ¿Eh?».

¿En qué medida «cielo bajo» constituye «un detalle auténtico»? No nos parece ilógico atribuir al poeta la intención deliberada de vincular el libro de *suites* al paisaje del Albaicín granadino que se divisa desde la Alhambra, en la placeta de los Aljibes, y que los granadinos denominan precisamente «cielo bajo». Este escenario no pasó desapercibido a los viajeros célebres que tuvieron el privilegio de vivir dentro de la Alhambra y que dejaron constancia de la admiración que les embargaba. Ian Gibson refiere en *Poeta en Granada*[*] que, según Washington Irving, «por la noche, el Albaicín, con sus luces

---

[*] Ian Gibson, *Poeta en Granada. Paseos con Federico García Lorca*, Barcelona, Ediciones B, p. 50

encendidas, parecía "el firmamento estrellado"». Y para Richard Ford «Las luces brillaban como estrellas, como si estuviéramos contemplando desde arriba el firmamento vuelto del revés». Ambos viajeros parecen estar justificando la denominación «Cielo bajo». Juan Ramón Jiménez incluyó en *Olvidos de Granada* un texto, «El cielo bajo», en extremo barroco: «un barrio inmerso de Granada, del que aún quedasen, en la quieta agua azul-verde, halos vagos, suaves timbres, ascensiones fatuas, temblores encendidos, lentas voces de acostumbrados al fondo». Esta inmersión acuática de Granada dejará, como veremos, huella en las *Suites*.

El grupo de palabras «cielo bajo» constituye lo que los filólogos denominan «oxímoron» (alianza de palabras de signo contrario: «silencio ensordecedor», «soledad sonora»). Se han hecho compatibles en un determinado contexto palabras cuyo sentido se opone; resulta así una anulación de contrarios. Subrayamos anulación de contrarios porque hemos topado, a juicio nuestro, con el eje estructurante de *Suites*, que se prolonga y propaga por todo el quehacer literario de Federico García Lorca.

LA PUERTA ESTRECHA

En julio de 1917, recién cumplidos los 19 años, llega Federico a Burgos en viaje de estudios que dirige su profesor Martín Domínguez Berrueta. La catedral debió de impresionarle profundamente, porque todavía siete años después le escribe a Melchor Fernández Almagro:

> ¿Te ha gustado Burgos? ¡Qué dulce recuerdo lleno de verdad y de lágrimas me sobrecoge cuando pienso en Burgos...! ¿Te choca?

Yo estoy nutrido de Burgos, porque las grises torres de aire y plata de la catedral me enseñaron <u>la puerta estrecha</u> por donde yo había de pasar para conocerme y conocer mi alma. [...] Tu tarjeta de Burgos ha coloreado mi viejo estigma doloroso y ha hecho brotar de mi tronco resina de luz y nostalgia.

«La puerta estrecha» es una expresión evangélica. Recordemos: «Esforzaos por entrar por la puerta estrecha porque os digo que muchos tratarán de entrar y no podrán» (Lucas, 13, 24); «Entrad por la puerta estrecha porque ancha es la puerta y espacioso el camino que lleva a la perdición y muchos son los que pasan por ella; que estrecha es la puerta y angosto el camino que lleva a la vida y pocos son los que la encuentran» (Mateo, 7, 13-14). En concreto: no es nada fácil ser un auténtico cristiano. Exige esfuerzo y renunciamiento.

Conviene tener presente que cuando Lorca llega a Burgos acaba de estrenarse como poeta, ya que el manuscrito del primer poema que ha escrito lleva la fecha 29 de junio de 1917. Acaba de cumplir los 19 años de Federico-Jesús. Se titula «Canción. Ensueño y confusión».

> Fue una noche plena de lujuria.
> Noche de oro en Oriente ancestral,
> noche de besos, de luz y caricias,
> noche encarnada de luz pasional.
>
> Sobre tu cuerpo había penas y rosas,
> tus ojos eran la muerte y el mar.
> ¡Tu boca! Tus labios, tu nuca, tu cuello...
> Y yo como la sombra de un antiguo Omar.

Pero la satisfacción de los sentidos no es gratuita en la práctica cristiana. Lleva anejo el pesar o remordimiento por la desobediencia a la norma, el pecado:

> y llega el placer con el dulce extravío.
> Mas ¡ay!, que la muerte llegó y el dolor.

Ahora bien, el novel poeta se rebela contra la coacción dictada por la doctrina cristiana, que juzga inadmisible y proclama la supremacía del derecho a una existencia que satisfaga las aspiraciones de felicidad con que sueña el hombre. El ensueño ha de sobreponerse a la confusión. Es la conclusión de este poema primerizo que inaugura y orienta toda la producción literaria lorquiana:

> Y aquel que recorra la enorme llanura
> sin soñar, pensando en el más allá,
> que se quede blanco sobre blanca albura
> o que un cuervo horrible lo trague voraz.

En marzo de 1928 fechará «La gran balada del vino», en cuyos versos increpa a «los pálidos bebedores de la sangre divina» reprochándoles que no prefieran revitalizarse con la sangre de la vid. Lorca alude en este poema a Omar [Jayyam], del que se considera «como la sombra» o prolongación. En el ejemplar personal de la obra del poeta oriental, Lorca ha subrayado el siguiente rubaiyatín, que adoptará a modo de divisa: «Sé feliz… tú no sabes de dónde has venido… ¡bebe vino! Tú no sabes a dónde irás». En suma: el incipiente literato considera en el fondo el sintagma «la puerta estrecha» a contrapelo del Evangelio.

El precedente de André Gide

André Gide había desvirtuado el significado evangélico de «la puerta estrecha» en una obra titulada precisamente *La porte étroite*. Fue una espectacular salida del armario en las letras europeas, por demás insólita en 1909. Narraba la historia en apariencia cursi y ñoña de una pareja que se ama apasionadamente, pero que no llega al gozo físico de su amor. Gide estigmatizaba la obediencia a una moral cristiana que antepone la hipotética felicidad ultraterrena al concreto disfrute del placer en este mundo. Este apego a la doctrina cristiana termina por acarrear el enraizamiento de la permanente desgracia, propia y ajena.

¿Influyó Gide en Lorca? En todo caso resulta imposible que *La porte étroite* le fuera desconocida, porque en 1922 la editorial Calleja publicó una traducción en castellano (*La puerta estrecha*) a cargo de Enrique Díez Canedo. Puntal de la crítica teatral y poética en el influyente *El Sol*, era Díez Canedo un allegado e incondicional de Lorca, al que apreciaba tanto a título personal como literario. Tuvo ocasión de manifestárselo en sus visitas a Granada como «rinconcillista de paso» y en América Latina cuando ocupó la embajada republicana en Uruguay.

En cuanto lector a fondo de Gide es muy posible que Díez Canedo no se privara además de tenerle al corriente de otra de sus obras: *Si le grain ne meurt*. Había en ella un pasaje en particular, estrechamente vinculado a la situación ética y estética de ambos escritores en su compartida condición de perturbados homosexuales a la búsqueda de reconocimiento social:

> Hasta ahora yo había aceptado la moral de Cristo o, al menos, cierto puritanismo que me habían enseñado como moral de Cristo. Esforzándome por someterme a ella no había conseguido más que un profundo desasosiego de todo mi ser […]

no podía satisfacer las reivindicaciones de mi carne sin asociar el asentimiento de mi espíritu. [...] Llegué a poner en duda que Dios mismo me exigiera semejante coacción. [...] Yo llegué finalmente a considerar que este dualismo discordante pudiera muy bien resolverse en una armonía. Y, de súbito, me pareció evidente que esta armonía debía ser mi objetivo soberano y, conseguirlo, la tangible razón de mi vida.

No será otro el propósito de Lorca con *Cielo bajo*: bajar el cielo a la tierra para lograr la armonía que Gide persigue. Con este objetivo claro se impone un método: la anulación de contrarios.

La anulación de contrarios, en el punto de mira de *Cielo bajo*

Enfrentado a una transgresión erótica socio-religiosa, Federico García Lorca también emprenderá en *Cielo bajo* la ineludible tarea que Gide se ha impuesto de «resolver este dualismo discordante en armonía». Las *Suites* intentarán operar la construcción literaria de la condición de homosexual exponiendo que los contrarios no se oponen sino que se complementan. Lorca, como Gide, reivindica una homosexualidad que no está únicamente ligada a contactos físicos o sentimentales, sino que la integra un componente de imprescindible espiritualidad, como reclama el amor en cualquiera de sus manifestaciones: homo o heterosexual. Con las *Suites* pasa Lorca del poema monolítico al poliédrico para conseguir una realidad multifacética en la que resulten anulados los contrarios y lograr de este modo la anulación de una radical frustración. Y al hilo de su obra literaria, hetero y homosexualidad terminarán por no enfrentarse. Incluso los términos masculino/femenino dejarán de oponerse y excluirse para integrar una realidad superior armónica.

El objetivo primordial para conseguir la anhelada armonía es el aniquilamiento de la tajante dicotomía cuerpo/alma establecida por la doctrina eclesiástica y que provoca en Lorca una intermitente esquizofrenia que él denomina «senda salomónica». En el poema «Espiral» de la *suite* titulada «Caracol» escribe:

> Mi tiempo
> avanza en espiral
> [...] y me hace caminar
> lleno de incertidumbre.
> ¡Oh línea recta! Pura
> lanza sin caballero,
> ¡cómo sueña tu luz
> mi senda salomónica!

El poeta es presa de un obligado caminar en espiral, de derecha a izquierda y de izquierda a derecha, arrastrado por una irresistible apetencia de la más resplandeciente espiritualidad y de un deseo carnal desenfrenado y de satisfacción nada ortodoxa. Ian Gibson comenta en su biografía canónica[*]: «Tan agudo conflicto del que Lorca jamás se liberará totalmente, y que sólo puede sobrellevar convirtiéndolo en arte, seguirá reduciéndole en distintos momentos de su vida, a estados de depresión y abatimiento».

En la carta a Adriano del Valle de mayo de 1918, ya mencionada (y elocuentemente fechada: «Hoy. Mayo en el tiem-

---

[*] Ian Gibson, *Federico García Lorca*, Barcelona, Crítica, p. 548

po y octubre sobre mi cabeza»), tras compartir con Verlaine una misma inclinación erótica y quejarse de «la abrumadora tragedia de la fisiología», manifiesta la lucha interna en que se debate: «Amo a Venus con locura pero amo mucho más la pregunta ¿Corazón?...». El íntimo desgarro es tanto más angustioso cuanto que su carácter rechaza toda exclusión y en consecuencia «hago versos muy míos cantando lo mismo a Cristo que a Budha, que a Mahoma y que a Pan».

Lorca cultiva, y será una constante en su obra, un irenismo a machamartillo que le impulsa a mostrar en una insólita familiaridad doméstica a las dos figuras más emblemáticas y tajantemente opuestas en el terreno del erotismo: Venus y la Virgen María:

DOS ESTRELLAS DEL MAR

En la torre
de la madrugada
María enseña a Venus
a tejer lana.

A modo de prolongación consecuente con el título (*Cielo bajo*), el cielo y la tierra se funden en una entidad superior:

Da lo mismo decir
estrella que naranja,
cauce que cielo. (del poema «Sur»)

Miro las estrellas
sobre el mar.
¡Oh, las estrellas son de agua,
gotas de agua! (del poema «Contemplación»)

El hombre se integra en esta unidad cósmica:

> Vivimos
> bajo el gran espejo.
> ¡El hombre es azul!
> ¡Hosanna! […]
> Andamos
> sobre un espejo
> sin azogue,
> sobre un cristal
> sin nubes.

La fusión o indiferenciación cielo/tierra no es mera elucubración. Se manifiesta operativa:

> La luna va por el agua.
> ¡Cómo está el cielo tranquilo!
> Va segando lentamente
> el temblor viejo del río
> mientras que una rana joven
> la toma por espejito.

El agua, elemento fecundante por antonomasia, obsede al autor de *Cielo bajo*. En el verano de 1922, entregado con ardor a la composición de las *Suites*, se explaya con Melchor Fernández Almagro:

> He visto un libro admirable que está por hacer y que quisiera hacerlo yo. Son *Las meditaciones y alegorías del agua*. ¡Qué maravillas hondas y vivas se pueden decir del agua! El poema del agua que mi libro tiene se ha abierto dentro de mi alma. Veo un gran poema, entre oriental y cristiano-europeo,

del agua; un poema donde se cante en amplios versos o en prosa muy <u>rubato</u> la vida apasionada y los martirios del agua. Una gran Vida del Agua, con análisis detenidísimos del círculo concéntrico, del reflejo, de la música borracha y sin mezcla de silencio que producen las corrientes. El río y las acequias se me han entrado. Ahora se debe decir: el Guadalquivir o el Miño nacen en Fuente Miña y desembocan en Federico García Lorca, modesto soñador e hijo del agua. [...] ¡qué poema tan emocionante el de la Alhambra vista como el panteón del agua! Creo que, si yo atacase de firme esto, podría hacer algo, y si yo fuese un gran poeta, lo que se llama un gran poeta, quizá me hallase ante mi gran poema.

Las meditaciones y alegorías del agua no cuajó en libro, pero nos ha llegado la *suite* «Meditaciones y alegorías del agua». El lector la podrá prolongar con otras *suites* en torno al mismo tema: «Suite del agua», «Estampas del mar», «Remansos», «Surtidores». En «Meditaciones y alegorías del agua» son los ríos granadinos Genil y Cubillas los que «desembocan en Federico García Lorca».

El agua, agente primordial de la fertilidad y manifestación visible del infinito, revestirá en *Cielo bajo* el determinante color azul. Diríase que *Cielo bajo* está teñido de color azul. En la prosa titulada «Barra», que concluye «Meditaciones y alegorías del agua», la vega de Granada aparece «envuelta en su temblor azul», «el aire es un mar de ondas azules» y hasta son «azules las arenas del desierto». Azul añorado o azul manifiesto, Lorca se ha servido del más profundo de los colores, transfiguración del infinito. El color azul transforma lo real en imaginario. Y este es precisamente el propósito de *Cielo bajo*: transformar lo real en imaginario. En esta prosa, su autor se pregunta por «el camino que va a Ninguna parte donde están los que han muerto esperando».

Al recorrido de este camino dedicará la última *suite*: «En el bosque de las toronjas de luna». Será «un largo viaje» con una finalidad precisa: «en busca del amor que no tuve pero que era mío». «Pude haber ido —añade— al país de los muertos pero prefiero ir al país de lo que no vive que no es lo mismo».

Clama Lorca el olvido en que le ha sumido una dramática indigencia de fecundidad:

> Me habéis dejado sobre una flor
> de oscuros sollozos de agua

Y ahora culmina ya el proceso de anulación de contrarios con el enunciado de la ansiada armonía de género:

AMANECER Y REPIQUE

> El sol con sus cien cuernos
> levanta el cielo bajo.
> ....Alma mía niño y niña.
> ¡¡Silencio!!

Cielo bajo resulta, en definitiva, un viaje (así titula la primera *suite*) a la construcción literaria de una súbita condición de homosexual:

> Desde la sombra mía
> entre mis lirios, lleno
> de esta melancolía
> de hombre bueno
> que ha visto desangrar su amor naciente
> (blanco cisne sin alas) lentamente
> y que quiere cortar la desolada

rosa espectral que finge la alborada,
echo al vuelo mi lírica campana.

Construye este nuevo paisaje lírico a base de poemas complementarios englobados en una composición innovadora que denomina *suite*.

Mediante la anulación de contrarios se impondrá como objetivo establecer en la mente del lector la admisión, en el mismo plano, de hetero y homosexualidad. Y, en consecuencia, contribuir así a la lucha contra la radical frustración humana que implica toda especie de marginación.

ADVERTENCIA AL LECTOR

No me hago en modo alguno la ilusión de haber llevado a cabo una edición que responda con entera satisfacción a la voluntad del poeta. Y ello por la sencilla razón de que no sabemos con precisión a qué atenernos, ya que el índice del libro que había encomendado a Emilio Prados la única vez en que dio el paso de la publicación, no se ha conservado.

Mi tarea ha consistido ante todo en la revisión de los manuscritos para establecer un texto que revista la mayor legitimidad posible. No es tarea que la escritura de Lorca facilite. Pasemos por alto las faltas de ortografía que únicamente mencionamos ahora a título de curiosidad. Ya en la primera composición leemos «*Hecho* al vuelo mi lírica» o «muerde el *hieso* del monte», y en la última «no *tube*». El problema que plantea descifrar los manuscritos lorquianos puede desembocar en una imposibilidad de certeza en la lectura. Veamos un caso preciso. En la *suite* «Canciones bajo la luna» sigo a André Belamich, que lee: «El amor sin orillas / de Salomé al *oro*». Pero Miguel García-Posada transcribe: «El amor sin orillas / de Salomé al *oso*». La verdad es que ciñéndonos al manuscrito es difícil saber a qué atenerse:

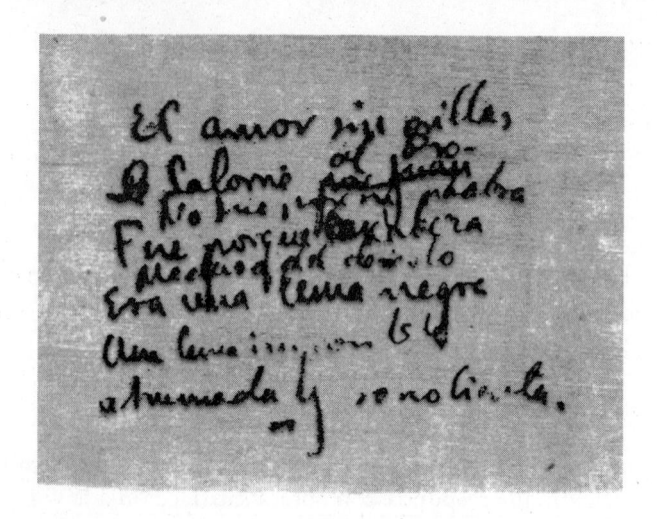

En última instancia, nos hemos decidido por eximir a Salomé del pecado de bestialidad, más reprobable socialmente que el de avaricia.

No escasean las divergencias de lectura, tanto en el vocabulario como en la sintaxis. En la estrofa de la *suite* «Surtidores»:

> Un dedo de la parca
> y un rayo de sol señalan
> hacia el sitio
> de mi corazón.

Paul Rogers lee: «Un dedo de la razón...»; André Belamich, García Posada y Arturo del Hoyo: «Un dedo de la *parra*...».

Respecto a los versos de «Castillo de fuegos artificiales...»:

> (Ni aquí
> ni allí
> si no aquí.)

Todos los editores incurren en un sinsentido:

(Ni aquí
ni allí
sino aquí.)

El lector de *Cielo bajo* abordará poemas con pasajes en extremo crípticos. Volvamos, sin ir más lejos, al poema «Salomé y la luna» de la *suite* «Canciones bajo la luna»:

La luna es una hermana
de Salomé. (Señora
que en una historia antigua
muerde una muerta boca.)

De sobra es sabido que luna y muerte son indisociables en la obra lorquiana. Ángel Álvarez de Miranda ha dedicado páginas magistrales a este tema en *La metáfora y el mito*. Pone de relieve la mentalidad primitiva donde se enraíza la ecuación luna-muerte y «su infiltración en el cristianismo a través del símbolo funerario de la media luna». En cuanto que Salomé provoca el degollamiento de Juan Bautista, se convierte en hermana de la luna. Tenemos, pues, una inserción de la poesía de Lorca en la cultura primitiva y bíblica. Ejemplo manifiesto del característico sincretismo lorquiano.

Pero Salomé ¿en qué «historia antigua muerde una boca muerta»? En los Evangelios no se menciona su nombre. Se ha bautizado así a la hija de Herodías, mujer de Herodes, y viuda de su hermano Filipo. Herodías no soportaba la recriminación de Juan Bautista por haberse casado con el cuñado. Durante la fiesta del aniversario de Herodes, danzó la hija de Herodías con tanto beneplácito del homenajeado que Herodes, entusiasmado, le prometió darle lo que ella quisiera. Por indicación de su madre Herodías, la joven bailarina le pidió y obtuvo la cabeza de Juan Bautista. Es el historiador judío Flavio Josefo quien menciona específicamente a Salomé: princesa judía, hija de Herodías y nuera de Herodes Antipas.

La presentación en manos de Salomé de un plato con la cabeza de Juan Bautista ha sido un tópico en la pintura del Renacimiento y del siglo XIX. En 1896 se estrenó *Salomé*, de Oscar Wilde, que Richard Strauss adaptó para la ópera en 1905. En esta versión musical (que consagra la danza de los siete velos) Herodes pretende a Salomé que, a su vez, está enamorada de Juan Bautista. Y la pasión la impulsa a desahogarse besando los labios de su víctima decapitada. Lorca no ha perdido la ocasión de incorporar a su poesía esta aportación de su cultura musical.

El lector de *Cielo bajo* ya sabe a qué atenerse: Federico García Lorca le ofrece un vasto campo poético donde tendrá la ocasión de ejercitar sin límites la inteligencia y la sensibilidad.

Eutimio Martín

Cronología

1898 Nace el 5 de junio en Fuente Vaqueros, un pueblo de la Vega de Granada. Es el primer hijo del matrimonio formado por el terrateniente Federico García Rodríguez y la maestra de primera enseñanza Vicenta Lorca Romero.

1898-1908 Su infancia transcurre entre Fuente Vaqueros y el cercano pueblo de Asquerosa (hoy Valderrubio). Aprende sus primeras letras en la escuela primaria.

1900 Nace su hermano Luis, que morirá dos años más tarde.

1902 Nace su hermano Francisco.

1903 Nace su hermana Concha.

1908-1909 Estudia en el instituto de Almería con su maestro Antonio Rodríguez Espinosa, el mismo que había tenido en Fuente Vaqueros. Una enfermedad obliga al pequeño Federico a regresar a Valderrubio con los suyos de forma prematura.

1909 La familia se traslada a Granada y se instala en el número 66 de la calle Acera del Darro. Ese otoño García Lorca ingresa en el colegio del Sagrado Corazón de Granada. Nace su hermana Isabel.

1909-1914 Estudia el bachillerato, aunque lo que de veras le interesa es la música y sueña con hacer carrera como pianista. Para ello será fundamental su maestro Antonio Segura Mesa. En su último año de bachillerato realiza un curso preparatorio en la Universidad de Granada.

1915 Inicia dos carreras en la Universidad de Granada: la de Derecho y la de Filosofía y Letras. Serán fundamentales para él dos maestros: el catedrático de Derecho Político Español Comparado, Fernando de los Ríos, y el catedrático de Teoría de las Artes y la Literatura, Martín Domínguez Berrueta. En este tiempo se convierte en un habitual de la tertulia que un grupo de jóvenes intelectuales y artistas granadinos mantienen en el Café Alameda. Se trata de El Rinconcillo, de la que forman parte, entre otros, Melchor Fernández Almagro, Hermenegildo Lanz, Manuel Ángeles Ortiz, Constantino Ruiz Carnero, Francisco Soriano Lapresa, Manuel Fernández Montesinos o Ángel Barrios. De esta etapa datan algunos de los primeros dibujos conocidos del poeta.

1916 En abril escribe la prosa autobiográfica «Mi pueblo», donde rememora su infancia en la Vega de Granada. En mayo fallece Antonio Segura Mesa. En junio inicia una serie de viajes de estudios, con Martín Domínguez Berrueta, por distintas poblaciones andaluzas. En una de ellas, Baeza, conoce al poeta Antonio Machado, a quien admira profundamente. Escribe algunas obras musicales. En otoño, vuelve a viajar con Berrueta por Castilla y Galicia.

1917 Publica la prosa «Fantasía simbólica» en el *Boletín del centro artístico de Granada*, en un número especial dedicado al centenario del nacimiento de Zorrilla. En junio vuelve a viajar a Baeza con Domínguez Berrueta y se reencuentra con Machado. El 29 de junio escribe «Canción. Ensueño y confusión», considerado como su primer poema. En otoño, viaja de nuevo con Berrueta por lugares que inspirarán algunos textos publicados en periódicos locales, como el *Diario de Burgos*, material que dará luego pie a su libro *Impresiones y paisajes*. Está enamorado de una bella muchacha granadina llamada María Luisa Egea, que lo acabará rechazando.

1918 Año de gran actividad literaria, en el que escribe numerosas prosas y poemas. Publica su primer libro, *Impresiones y paisajes*, costeado por su padre y fruto de los viajes con el profesor Berrueta. Conoce a Emilia Llanos, que será una de sus mejores amigas y confidentes. Publica su primer poema en *Renovación*, una revista de la que no se ha conservado ningún número. Representa *La historia del tesoro* en la taberna del Polinario de Granada, junto con sus amigos Miguel Pizarro, Manuel Ángeles Ortiz y Ángel Barrios.

1919 Trabaja en algunas piezas teatrales breves. Viaja a Madrid, donde visita la Residencia de Estudiantes. Lleva consigo cartas de recomendación para Alberto Jiménez Fraud, director de la institución, y para Juan Ramón Jiménez. Conoce al grupo de jóvenes residentes formado por Luis Buñuel, José Bello y José Moreno Villa, y se reencuentra con sus amigos malagueños Emilio Prados y José María Hinojosa. En junio conoce en Granada al dramaturgo Gregorio Martínez Sierra y a la actriz Catalina Bárcena. En septiembre visita Granada Manuel de Falla, que se convertirá en uno de los más importantes amigos del poeta, y que se acabará instalando en la ciudad al año siguiente.

1920 El 22 de marzo estrena *El maleficio de la mariposa*, su primera obra teatral, en el Eslava de Madrid, de la mano de Martínez Sierra y con un reparto encabezado por Catalina Bárcena y Encarnación López, la Argentinita. La representación resulta un fracaso total. Sus padres le obligan a regresar a sus estudios universitarios de Filosofía y Letras, aunque acudirá muy poco a las aulas. Comienza a trabajar en sus primeras *Suites*.

1921 En junio aparece *Libro de poemas*, la primera recopilación de sus versos, de nuevo gracias a la ayuda económica de su padre. El libro genera algunas reseñas; especialmente importante es la de Adolfo Salazar en el diario *El Sol*, uno de los más leídos en España. Trabaja en nuevas *Suites*, pero también en el futuro *Poema del cante jondo* y en la pieza teatral *Tragicomedia de don Cristóbal y la señá Rosita*.

1922 En febrero pronuncia su primera conferencia, «El cante jondo. Primitivo canto andaluz», acompañado a la guitarra por Manuel Jofré, en el Centro Artístico, Literario y Científico de Granada. En junio se celebra el Concurso de Cante Jondo, en Granada, en el que participa activamente como uno de sus responsables junto con Manuel de Falla, Ignacio Zuloaga y Miguel Cerón. Con motivo del certamen, lee en público algunas de las composiciones de *Poema del cante jondo*. En verano, da a conocer ante un grupo de amigos *Tragicomedia de don Cristóbal y la señá Rosita*.

1923 El 5 de enero, junto con Falla, ofrece una función de guiñol y música en la casa familiar de la calle Acera del Casino, con la representación de las piezas *Misterio de los Reyes Magos*, *Los dos habladores* y *La niña que riega la albahaca*. Trabaja en *Lola la comedianta*, que debía contener música de Manuel de Falla. En febrero logra concluir la carrera de Derecho. Regresa a la Residencia de Estudiantes, donde conoce a Salvador Dalí, alumno de la Escuela Especial de Pintura, Escultura y Grabado de la academia de San Fernando, desde septiembre del año anterior. Participa en la fundación de la Orden de Toledo, junto con Buñuel, Bello, Moreno Villa y Dalí. Comienza a trabajar en su obra teatral *Mariana Pineda*, así como en las composiciones que darán lugar al *Romancero gitano*.

1924 En julio Juan Ramón Jiménez y su esposa, Zenobia Camprubí, visitan Granada, donde Lorca será uno de sus guías. Trabaja en los poemas del *Romancero gitano*, además de en *Mariana Pineda* y *La zapatera prodigiosa*. Conoce a Rafael Alberti. Asiste con regularidad a la tertulia de Ramón Gómez de la Serna en el café de

Pombo. Idea con Salvador Dalí el llamado *Libro de los putrefactos*, un proyecto que nunca se llegará a materializar pese a las insistencias del pintor.

1925 En enero termina *Mariana Pineda*. Inicia su intercambio epistolar con Jorge Guillén, así como otro, aunque breve, con Luis Buñuel. En abril, invitado por Salvador Dalí, viaja por primera vez a Cataluña. Se queda con el pintor en Cadaqués y Figueres, además de visitar Girona, Empúries y el cabo de Creus. Ante la familia Dalí lee *Mariana Pineda*. También dará a conocer esta obra y algunos de sus poemas durante una lectura en el Ateneo de Barcelona. Inicia su correspondencia con Salvador y Anna Maria Dalí. Trabaja en la oda dedicada al amigo pintor y en *Amor de don Perlimplín con Belisa en su jardín*. Sufre una importante crisis sentimental y conoce al escultor Emilio Aladrén, con quien mantendrá una relación. La familia adquiere la huerta de san Vicente, donde el poeta permanecerá largas temporadas a su paso por Granada.

1926 Entre enero y febrero realiza varias excursiones por las Alpujarras acompañado por Manuel de Falla y Francisco García Lorca, además de amigos como Alfonso García Valdecasas, Antonio Luna, José Segura y Manuel Torres López. En febrero dicta la conferencia «La imagen poética de don Luis de Góngora» en el Ateneo Literario, Artístico y Científico de Granada. En abril aparece en las páginas de la *Revista de Occidente* su «Oda a Salvador Dalí». Jean Cassou le dedica una reseña a ese poema en *Le Mercure de France*, donde lo califica como «la manifestación más brillante de ánimo absolutamente nuevo en España». En el Ateneo de Valladolid, presentado por Jorge Guillén y Guillermo de Torre, recita los poemas de los libros que prepara: *Suites*, *Canciones*, *Poema del cante jondo* y *Romancero gitano*. Las presiones de sus padres le hacen barajar la posibilidad de prepararse para convertirse en profesor de literatura. Se encuentra con la actriz Margarita Xirgu, a quien entrega una copia de *Mariana Pineda* con la esperanza de que quiera estrenarla. En octubre pronuncia la conferencia «Paraíso cerrado para muchos, jardines abiertos para pocos», sobre Soto de Rojas, en el Ateneo de Granada. Aparecen en la revista *Litoral*, dirigida por sus amigos Emilio Prados y Manuel Altolaguirre, algunas composiciones del *Romancero gitano*, libro en el que sigue trabajando.

1927 Comienza a preparar, junto con un grupo de amigos granadinos, la revista *Gallo*, que verá la luz al año siguiente, y que continúa la estela de las publicaciones literarias de vanguardia que se dan en España en esos años. En febrero, Margarita Xirgu le informa que estrenará *Mariana Pineda* ese verano en Barcelona, obra que el poeta le leerá a finales de marzo. Encarga los decorados a Salvador Dalí. En mayo se publica *Canciones* de la mano de la revista *Litoral*. Entre mayo y principios de agosto pasa una larga estancia en Cadaqués, además de visitar Barcelona y Figueres. Conoce al crítico de arte Sebastià Gasch. El 24 de junio estrena en el teatro Goya de Barcelona *Mariana Pineda*. Entre junio y julio inaugura en las galerías Dalmau una exposición dedicada a sus dibujos que será elogiada por Dalí en un artículo publicado por *La Nova Revista*. El 12 de octubre, Margarita Xirgu estrena en Madrid *Mariana Pineda*. Traba amistad con Vicente Aleixandre. En noviembre publica en *Revista de Occidente* la prosa «Santa Lucía y San Lázaro», donde es evidente la influencia ejercida por Dalí. En diciembre pronuncia la conferencia «La imagen poética de don Luis de Góngora» en la Residencia de Estudiantes. Ese mismo mes viaja a Sevilla junto con un grupo de poetas para homenajear a Góngora. El acto, con la presencia de Rafael Alberti, Dámaso Alonso, Gerardo Diego, Jorge Guillén, José Bergamín, Mauricio Bacarisse y Juan Chabás, supone el nacimiento de la llamada generación del 27. Conoce a Luis Cernuda.

1928 Su relación amorosa con Emilio Aladrén se intensifica en este periodo. Aparece en marzo el primero de los dos números de la revista *Gallo*, que tendrá una réplica en clave de humor llamada *Pavo*, dirigida también por Lorca y sus amigos. Trabaja en la «Oda al Santísimo Sacramento del Altar», que dedicará a Manuel de Falla. En mayo se publica el segundo y último número de *Gallo*. Aparece en las ediciones de la *Revista de Occidente* el *Romancero gitano*, que conocerá pronto un importante éxito. En septiembre aparece en la colección La Farsa *Mariana Pineda*, ilustrada con dibujos del mismo Lorca, y en la revista *L'Amic de les Arts* los textos surrealistas «Nadadora sumergida» y «Suicidio en Alejandría». En octubre dicta en el Ateneo de Granada las conferencias «Imaginación, inspiración, evasión» y «Sketch de la nueva pintura». *Revista de Occidente* edita un largo fragmento de «Oda al Santísimo Sacramento del Altar», que no gustará a Falla. En diciembre pronuncia la conferencia «El patetismo de la canción de cuna española» en la Residencia de Estudiantes de Madrid.

1929 Aparece en *La Gaceta Literaria* la «Degollación de los inocentes», ilustrada por Dalí. En febrero, la dictadura de Primo de Rivera impide el estreno de *Amor de don Perlimplín con Belisa en su jardín*. En marzo conoce en Madrid al diplomático chileno Carlos Morla Lynch y a su esposa Bebé Vicuña, con quienes mantendrá una gran amistad hasta el punto de ser un asiduo de sus salones. Aparece la segunda edición de *Canciones*. El 27 de marzo se escapa de incógnito a Granada para participar en la procesión de la cofradía de la Alhambra vestido de penitente. Está viviendo una profunda crisis sentimental por su ruptura con Emilio Aladrén que le hará tomar la decisión de huir del país. En abril, Margarita Xirgu presenta en el teatro Cervantes de Granada *Mariana Pineda*. Unos días más tarde se le dedicará al poeta y a la actriz un banquete-homenaje en el hotel Alhambra Palace de Granada. El 13 de junio sale de España, acompañado de Fernando de los Ríos, con destino a Nueva York. Primero pasan brevemente por París, donde visita el Louvre y se reúne con Mathilde Pomès. Se trasladan a Londres, donde se encuentra con Salvador de Madariaga. El 19 de junio zarpan en Southampton, en el buque *Olympic*, hacia Nueva York, donde llegan el día 26. Lorca se hospeda en la residencia Furnald Hall de la Universidad de Columbia. Queda impresionado por Nueva York y en agosto empezará a escribir los primeros poemas sobre la ciudad. Se encuentra con amigos como Dámaso Alonso, Gabriel

García Maroto, León Felipe y José Antonio Rubio Sacristán. Pasa una breve temporada en Vermont invitado por su amigo Philip Cummings. Allí escribirá *Poema doble del lago Eden* y trabajará con Cummings en la traducción al inglés de *Canciones*. El 20 de septiembre se muda al John Jay Hall, de la Universidad de Columbia. Frecuenta los clubes de jazz, visita Harlem y se sumerge en las últimas tendencias cinematográficas del momento. Escribe el guion de la película *Viaje a la luna* con la ayuda del mexicano Emilio Amero, una respuesta a *Un chien andalou* de Buñuel y Dalí. En noviembre se hunde la bolsa de Nueva York, hecho del que será testigo.

1930 Trabaja en los poemas que más adelante formarán parte del libro póstumo *Poeta en Nueva York*. Invitado por la Institución Hispano-Cubana de Cultura, en marzo abandona Nueva York y emprende un viaje a Cuba, donde pasará tres meses pronunciando varias conferencias, así como recitando sus poemas. Durante su estancia en La Habana trabaja en la obra teatral *El público*, tal vez iniciada en Nueva York. Pronuncia entre marzo y abril las conferencias «La mecánica de la poesía», «Paraíso cerrado para muchos, jardines abiertos para pocos», «Canciones de cuna españolas», «La imagen poética de don Luis de Góngora» y «La arquitectura del cante jondo». Trabaja en dos poemas que formarán parte de *Poeta en Nueva York*: «Oda a Walt Whitman» y «Son de negros en Cuba». En junio parte de vuelta a España. En Granada concluye *El público*. En octubre está de vuelta en Madrid, donde concede una entrevista a Miguel Pérez Ferrero para el *Heraldo de Madrid*. En diciembre, Margarita Xirgu estrena con éxito *La zapatera prodigiosa* en el Teatro Español, con figurines y decorados del propio Lorca. Lee en la casa de los Morla *El público*, que recibirá una fría acogida.

1931 En enero aparecen poemas del ciclo neoyorquino en *Revista de Occidente*. En marzo, la discográfica La Voz de su Amo lanza el primero de cinco discos de la serie «Canciones populares antiguas», armonizadas e interpretadas al piano por Federico García Lorca y cantadas por La Argentinita. Es la única grabación sonora del poeta. Celebra la proclamación de la Segunda República. En mayo se publica *Poema del cante jondo* en la editorial Ulises. El 19 de agosto pone punto y final en Granada a la obra teatral *Así que pasen cinco años*. Comienza a trabajar en los poemas de *Diván del Tamarit*. El Gobierno de la República impulsa la creación de La Barraca, la compañía de teatro universitario que, dirigida por Lorca y Eduardo Ugarte, llevará los clásicos escénicos españoles por numerosos pueblos durante cuatro años.

1932 En febrero traba amistad con Eduardo Rodríguez Valdivieso, con quien mantendrá una breve relación sentimental. El 16 de marzo realiza una lectura comentada de los poemas de su ciclo neoyorquino en Madrid, recital que repetirá en los siguientes meses, invitado por el Comité de Cooperación Intelectual, en ciudades como Valladolid, Sevilla, Salamanca, La Coruña, Santiago, San Sebastián y Barcelona. Visita en Salamanca a Miguel de Unamuno. El 26 de junio colabora con ocho dibujos en una exposición colectiva organizada en el Ateneo Popular de Huelva por su amigo José Caballero. En julio sale por primera vez La Barraca, que actúa en pueblos de Soria. Entre agosto y septiembre, se produce la segunda gira de La Barraca por Galicia y Asturias. En septiembre, lee su obra de teatro *Bodas de sangre* en la casa de los Morla. En noviembre, dicta su conferencia en homenaje a la pintora María Blanchard. Escribe algunos de sus *Seis poemas galegos* con la ayuda de Carlos Martínez Barbeito.

1933 El 8 de marzo estrena *Bodas de sangre* en el teatro Beatriz de Madrid la compañía de Josefina Díaz de Artigas, con decorados de Santiago Ontañón y Manuel Fontanals. El éxito es total y se confirma como una de las principales voces dramáticas del momento. El 5 de abril el club teatral Anfistora, dirigido por Pura Ucelay, estrena en el Teatro Español *Amor de don Perlimplín con Belisa en su jardín*, así como una nueva versión de *La zapatera prodigiosa*. El 1 de mayo aparece su firma en el manifiesto antifascista de la revista *Octubre*. El 29 de julio Lola Membrives estrena en Buenos Aires *Bodas de sangre*, con tanto éxito que la actriz invita a Lorca a que viaje a Argentina ese otoño. El poeta vive una relación sentimental con Rafael Rodríguez Rapún, secretario de La Barraca, compañía que sigue sus giras por pueblos de España. Se publica en México una edición limitada de la «Oda a Walt Whitman». El 29 de septiembre embarca, acompañado del escenógrafo Manuel Fontanals, en el *Conte Grande* con destino a Buenos Aires, donde atracan el 13 de octubre. En el barco trabaja en el manuscrito de la obra teatral *Yerma* y en la conferencia «Juego y teoría del duende». La estancia en Argentina será un indiscutible éxito tanto personal como económico. Es invitado a dar varias conferencias, sus obras se representan y llenan los teatros de la capital con gran aclamación de público, hasta el punto que *Bodas de sangre* supera el centenar de representaciones. Participa en la vida cultural de la ciudad de la mano de amigos como Pablo Neruda, Oliverio Girondo, Ricardo Molinari o Victoria Ocampo, quien publicará una nueva edición del *Romancero gitano*.

1934 En enero, Lola Membrives estrena en el teatro Avenida de Buenos Aires *Mariana Pineda*. Entre enero y febrero visita Montevideo, donde dicta algunas conferencias y visita la tumba de su amigo, el pintor Rafael Pérez Barradas. En marzo trabaja en su adaptación de *La dama boba*, de Lope de Vega, con Eva Franco como protagonista. El 27 de marzo zarpa en el *Conte Biancamano* con destino a España, donde llega el 11 de abril. El 11 de agosto es corneado en Manzanares el torero Ignacio Sánchez Mejías, que morirá dos días más tarde. Continúa las representaciones de La Barraca en Santander y Palencia. Trabaja en el *Diván del Tamarit* y da los últimos retoques a *Yerma*. En noviembre ofrece la primera lectura de *Llanto por Ignacio Sánchez Mejías* en la casa de sus amigos los Morla. El 29 de diciembre, la compañía de Margarita Xirgu estrena *Yerma* en el Teatro Español de Madrid con un gran éxito de público y crítica.

1935 En enero trabaja en las obras de teatro *Doña Rosita la soltera o el lenguaje de las flores* y *La destrucción de So-*

doma. En febrero se estrena en el Neighborhood Playhouse de Nueva York *Bitter Oleanders*, una traducción al inglés de *Bodas de sangre*. El 3 de febrero pronuncia su «Charla sobre el teatro» en el Teatro Español, coincidiendo con una representación especial de *Yerma*. El 18 de marzo se reestrena *La zapatera prodigiosa* en versión ampliada y dirigida por el propio poeta en el Coliseum de Madrid. Durante esos días hay tres obras suyas en cartel por todo Madrid. En abril, con motivo de la Semana Santa, viaja a Sevilla invitado por Joaquín Romero Murube. Allí lee *Llanto por Ignacio Sánchez Mejías*, libro que publica ese año en las ediciones de la revista *Cruz y Raya* de José Bergamín, con ilustraciones de José Caballero. Lo visita en la huerta de san Vicente el poeta gallego Eduardo Blanco-Amor, quien toma algunas de las fotografías más conocidas del poeta. En junio, durante la Feria del Libro, aparece la quinta edición del *Romancero gitano*. Con motivo de la feria, dirige *El retablillo de don Cristóbal* en el guiñol La Tarumba. En otoño se traslada a Barcelona, donde pasará una temporada que supondrá todo un éxito: Margarita Xirgu lidera una nueva producción de *Bodas de sangre* y estrena *Doña Rosita la soltera o el lenguaje de las flores*. Se reencuentra con Salvador Dalí. Trabaja en los llamados *Sonetos del amor oscuro*. Se publica *Seis poemas galegos* en la editorial Nos de Santiago de Compostela.

1936 En enero se publican *Bodas de sangre* en las Ediciones del Árbol, y *Primeras canciones*, en las ediciones de la revista *Héroe*, dirigida por Concha Méndez y Manuel Altolaguirre. El 9 de febrero participa en un homenaje a Rafael Alberti. El 14 de febrero participa en el homenaje póstumo a Ramón del Valle-Inclán en el teatro de la Zarzuela, en Madrid. El 15 de febrero firma un manifiesto de intelectuales a favor del Frente Popular, que ganará las elecciones al día siguiente. Trabaja en las obras teatrales *Los sueños de mi prima Aurelia* y *El sueño de la vida* (también llamada *Comedia sin título*), además de concluir *La casa de Bernarda Alba*. El club teatral Anfistora comienza a ensayar *Así que pasen cinco años*, con la colaboración del poeta. Allí conocerá a Juan Ramírez de Lucas, tal vez el último amor conocido del poeta. El 10 de junio aparece una larga entrevista con Luis Bagaría en *El Sol*. Participa en un homenaje a Hernando Viñes y en otro a Luis Cernuda con motivo de la publicación de *La realidad y el deseo*. Proyecta viajar a México, donde Margarita Xirgu quiere estrenar algunas de sus obras. Antes viaja a Granada, asustado al enterarse de que ha sido asesinado el político derechista José Calvo Sotelo en Madrid. El día de su santo, el 18 de julio, escribe a Juan Ramírez de Lucas una larga carta. Ese mismo día estalla la Guerra Civil, y en Granada se instaura un régimen de terror. El 9 de agosto pide ayuda a su amigo Luis Rosales tras haber sido amenazado en la huerta de san Vicente. La madrugada del 15 al 16 de agosto es fusilado su cuñado, Manuel Fernández Montesinos, último alcalde democrático de Granada. La tarde del 16 de agosto, sobre las cinco de la tarde, un grupo de hombres armados, encabezados por el diputado de la CEDA Ramón Ruiz Alonso, lo detienen en la casa de los Rosales. Es conducido al Gobierno Civil, donde se pierde su rastro. El gobernador civil José Valdés da la orden para que sea ejecutado. El 17 de agosto es fusilado en algún lugar entre Víznar y Alfacar junto con otras tres víctimas: Dióscoro Galindo González, Francisco Galadí Melgar y Joaquín Arcollas Cabezas. Sus asesinos, la mañana siguiente, celebran el crimen en el bar Fútbol de Granada.

Víctor Fernández

Cielo bajo

Suites

VIAJE

La boca del ocaso
muerde el yeso del monte.
Una estrella niña
se ha escapado
por el azul.

MELANCOLÍA VIEJA

El paisaje tiene
telarañas de siglos,
archivo de crepúsculos
y de noches.

SALUTACIÓN

Desde la sombra mía
entre mis lirios, lleno
de esta melancolía
de hombre bueno
que ha visto desangrar su amor naciente
(blanco cisne sin alas) lentamente

y que quiere cortar la desolada
rosa espectral que finge la alborada,
echo al vuelo mi lírica campana,
esta hermosa mañana
de viento
soñoliento...

Mi tristeza incurable
se carmina, y aprende
vuestro amor admirable.
Esta tristeza invade
mi corazón dormido
que vive por casualidad.
Gris y gris.

Carbonilla en los ojos.
Y las uñas de Satán
escarbándome el pecho.
Satán,
mi amigo de la infancia.

El topo del tren
roe las raíces del viento
y avanza.

Lejanía de campanas.
Arados yacentes.
Besanas líricas.

Cabecea la tarde
y ha cesado
el dominó de los colores.

Una guitarra dice:
«Mi madera es ciprés».
Soñolencia en do sostenido para fagot y cuerdas.
Vaivenes.
Y en los pasos a nivel
cortes de mangas.

CANCIONES BAJO LA LUNA

LUNA LLENA
Al salir

Cuando sale la luna
se pierden las campanas
y aparecen las sendas
de lo impenetrable.

Cuando sale la luna
el mar cubre la tierra
y el corazón se siente
isla del infinito.

La luna está más lejos
que el sol y las estrellas.
Es perfume y recuerdo,
pompa de azul marchito.

COLORES

Sobre París la luna
tiene color violeta
y se pone amarilla
en las ciudades muertas.

Hay una luna verde
en todas las leyendas,
luna de telaraña
y de rota vidriera.
Y sobre los desiertos
es profunda y sangrienta.

Pero la luna blanca,
la luna verdadera,
sólo luce en los quietos
cementerios de aldea.

CAPRICHO

En la red de la luna,
araña del cielo,
se enredan las estrellas
revoladoras.

SALOMÉ Y LA LUNA

La luna es una hermana
de Salomé. (Señora

que en una historia antigua
muerde una muerta boca.)

Salomé era el ocaso.
Un ocaso
de ojos
y de labios.

La luna es el perpetuo
ocaso.

Tarde
continuada
y delirante.

El amor sin orillas
de Salomé al oro
no fue por su palabra,
fue porque su cabeza,
medusa del desierto,
era una luna negra,
una luna imposible,
ahumada y soñolienta.

Salomé es la crisálida
y la luna el capullo,
crisálida de sombra
bajo un palacio oscuro.

La luna tiembla sobre el agua,
Salomé tiembla sobre el alma.
¡Oh sublime belleza
querer hacer de un beso
una estrella!

En el mediodía
o en la noche oscura,
si habláis de Salomé
saldrá la luna.

ESTAMPAS DEL MAR

A Emilio y Manolo

El mar
quiere levantar
su tapa.

Gigantes de coral
empujan
con sus espaldas.

Y en las cuevas de oro
las sirenas ensayan
una canción que duerma
al agua.

¿Véis las fauces
y las escamas?

Ante el mar
tomad vuestras lanzas.

CONTEMPLACIÓN

Yo evoco
el capitel corintio,
la columna caída
y los pinos.

El mar clásico
canta siempre en Estío
y tiembla como el
capitel corintio.

NOCTURNO

Miro las estrellas
sobre el mar.
¡Oh, las estrellas son de agua,
gotas de agua!

Miro las estrellas
sobre mi corazón.
¡Las estrellas son de aroma,
núcleos de aroma!

Miro la tierra
llena de sombra.

GUARDIAS

En el reino del mar
hay dos guardas:
San Cristóbal
y Polifemo.

¡Tres ojos
sobre el viajero errante!

DOS ESTRELLAS DEL MAR

En la torre
de la madrugada
María enseña a Venus
a tejer lana.
Venus le muestra
todas sus miradas
y María se asombra.

En la torre
de la madrugada.

JUGUETES

JARDÍN

Con la lija de la razón
frotamos al Sueño.
¿Es posible elevar
con miradas la brisa?

EQUIPAJE

Hay que llevar colorines
para pintar pensamientos
extraños.

Hay que llevar ungüentos
para curar las heridas
que nos hagan
y hay que dar agua
al sediento.

GABINETE

Todo está lleno de ideas
extrañas.
El piano
no quiere más que a Beethoven.

SUITE DEL AGUA

PAÍS

En el agua negra
árboles yacentes,
margaritas
y amapolas.

Por el camino muerto
van tres bueyes.

Por el aire
el ruiseñor,
corazón del árbol.

TEMBLOR

En mi memoria turbia
con un recuerdo de plata,
piedra de rocío.

En el campo sin monte
una laguna clara,
manantial apagado.

ACACIA

¿Quién segó el tallo
de la luna?

(Nos dejó raíces
de agua)

¡Qué fácil nos sería cortar las flores
de la eterna acacia!

CURVA

Con un lirio en la mano
te dejo.
¡Amor de mi noche!
Y viudita de mi astro
te encuentro.

Domador de sombrías
mariposas,
sigo por mi camino.
Al cabo de mil años
me verás.
¡Amor de mi noche!

Por la vereda azul
domador de sombrías
estrellas,
seguiré mi camino.

Hasta que el Universo
quepa en mi corazón.

COLMENA

¡Vivimos en celdas
de cristal,
en colmenas de aire!
Nos besamos a través
de cristal.
¡Maravillosa cárcel,
cuya puerta
es la luna!

SUITE DE LOS ESPEJOS

SÍMBOLO

Cristo
tenía un espejo
en cada mano.
Multiplicaba
su propio espectro.
Proyectaba su corazón
en las miradas
negras.
¡Creo!

EL GRAN ESPEJO

Vivimos
bajo el gran espejo.
¡El hombre es azul!
¡Hosanna!

REFLEJO

Doña Luna.
(¿Se ha roto el azogue?)
No.
¿Un muchacho ha encendido
su linterna?
Sólo una mariposa
basta para apagarte.
Calla... ¡Pero es posible!
¡Aquella luciérnaga
es la luna!

RAYOS

Todo es abanico.
Hermano, abre los brazos.
Dios es el punto.

RÉPLICA

Un pájaro tan solo
canta.
El aire multiplica.
Oimos por espejos.

TIERRA

Andamos
sobre un espejo.
Sin azogue,
sobre un cristal
sin nubes.
Si los lirios nacieran
al revés,
si las rosas nacieran
al revés,
si todas las raíces
miraran las estrellas,
y el muerto no cerrara
sus ojos,
seríamos como cisnes.

CAPRICHO

Detrás de cada espejo
hay una estrella muerta
y un arco iris niño
que duerme.

Detrás de cada espejo
hay una calma eterna
y un nido de silencios
que no han volado.

El espejo es la momia
del manantial; se cierra
como concha de luz,
por la noche.

El espejo
es la madre-rocío,
el libro que diseca
los crepúsculos, el eco hecho carne.

SINTO

Campanillas de oro.
Pagoda dragón.
Tilín, tilín,
sobre los arrozales.

Fuente primitiva.
Fuente de la verdad.

A lo lejos
garzas color de rosa
y un volcán marchito.

LOS OJOS

En los ojos se abren
infinitos senderos.
Son dos encrucijadas
de la sombra.
La muerte llega siempre
de esos campos ocultos.
(Jardinera que troncha
las flores de las lágrimas.)
Las pupilas no tienen
horizontes.
Nos perdemos en ellas
como en la selva virgen.
Al castillo de irás
y no volverás
se va por el camino
que comienza en el iris.
¡Muchacho sin amor,
Dios te libre de la yedra roja!
¡Guárdate del viajero,
Elenita que bordas
corbatas!

INITIUM

Adán y Eva.
La serpiente
partió el espejo
en mil pedazos
y la manzana
fue la piedra.

BERCEUSE AL ESPEJO DORMIDO

      Duerme.
no temas la mirada
errante.
      Duerme.

Ni la mariposa,
ni la palabra,
ni el rayo furtivo
de la cerradura
te herirán.
      Duerme.

Como mi corazón,
así tú,
espejo mío.
Jardín donde el amor
me espera.

Duérmete sin cuidado,
pero despierta,

cuando se muera el último
beso de mis labios.

AIRE

El aire,
preñado de arcos iris,
rompe sus espejos
sobre la fronda.

CONFUSIÓN

Mi corazón
¿es tu corazón?
¿Quién me refleja pensamientos?
¿Quién me presta
esta pasión
sin raíces?
¿Por qué cambia mi traje
de colores?
¡Todo es encrucijada!
¿Por qué ves en el cieno
tanta estrella?
¿Hermano, eres tú
o soy yo?
¿Y estas manos tan frías
son de aquel?
Me veo por los ocasos,
y un hormiguero de gente
anda por mi corazón.

REMANSO

El búho
deja su meditación,
limpia sus gafas
y suspira.
Una luciérnaga
rueda monte abajo,
y una estrella
se corre.
El búho bate sus alas
y sigue meditando.

REMANSOS

(Margarita, ¿quién soy yo?)

Ciprés.
(Agua estancada.)

Chopo.
(Agua cristalina.)

Mimbre.
(Agua profunda.)

Corazón.
(Agua de pupila.)

VARIACIÓN

El remanso del aire
bajo el bosque de los ecos.

El remanso del agua
bajo fronda de luceros.

El remanso de tu boca
bajo espesura de besos.

REMANSILLO

Me miré en tus ojos
pensando en tu alma.

   Adelfa blanca.

Me miré en tus ojos
pensando en tu boca.

   Adelfa roja.

Me miré en tus ojos
pero estabas muerta.

   Adelfa negra.

CANCIÓN

Golpean rayos de luna
en la frente de la tarde.
Un árbol viejo se abriga
con palabras de cantares.
Si tú vinieras a verme
por los senderos del aire
me encontrarías llorando
bajo los álamos grandes.
¡Ay, morena!
Bajo los álamos grandes.

SIGUE

Cada canción
es un remanso
del amor.

Cada lucero
es un remanso
del tiempo.
Un nudo
del tiempo.

Y cada suspiro
un remanso
del grito.

MEDIA LUNA

La luna va por el agua.
¿Cómo está el cielo tranquilo?
Va segando lentamente
el temblor viejo del río
mientras que una rana joven
la toma por espejito.

CAPRICHOS

SOL

¡Sol!
¿Quién te llamó
sol?

A nadie le extrañaría,
digo yo,
ver en el cielo tres letras
en vez de tu cara
de oro.

PIRUETA

Si muriera el alfabeto
morirían todas las cosas.

Las palabras
son las alas.

La vida entera
depende
de cuatro letras.

    Árbol.
La *ele* te da las hojas.

    Luna.
La *u* te da el color.

    Amor.
La *eme* te da los besos.

MOMENTOS DE CANCIÓN

CANCIÓN CON REFLEJO

En la pradera bailaba
mi corazón.

(Era la sombra
de un ciprés
sobre el viento.)

Y un árbol destrenzaba
la brisa del rocío,

¡la brisa!
plata del tacto.

Yo decía ¿recuerdas?
(No me importa
la estrella
ni la rosa.)
¿Recuerdas?

¡Oh palabra perdida!
¡Palabra
sin horizonte!
¿Recuerdas?

En la pradera bailaba
mi corazón.

(Era la sombra
de un ciprés
en el viento.)

CANCIÓN SIN ABRIR

Sobre el río
los cínifes.

Sobre el viento
los pájaros.
(Tarde descarriada.)

¡Oh temblor
de mi corazón!

No temas,
me iré lejos
como un eco.

Me iré lejos
en un barco
sin vela
y sin remos.

¡Oh temblor
de mi corazón!

SÉSAMO

El reflejo
es lo real.
El río
y el cielo
son puertas que nos llevan
a lo Eterno.
Por el cauce de las ranas
o el cauce de los luceros
se irá nuestro amor cantando
la mañana del gran vuelo.

Lo real
es el reflejo.
No hay más que un corazón
y un solo viento.

¡No llorar! Da lo mismo
estar cerca
que lejos.
Naturaleza es
el Narciso eterno.

CANCIÓN BAJO LÁGRIMAS

En aquel sitio,
muchachita de la fuente,
que hay junto al río,
te quitaré la rosa
que te dio mi amigo,
y en aquel sitio,
muchachita de la fuente,
yo te daré mi lirio.
¿Por qué he llorado tanto?
¡Es todo tan sencillo!...
Esto lo haré ¿no sabes?
cuando vuelva a ser niño,
¡ay! ¡ay!
cuando vuelva a ser niño.

PUESTA DE CANCIÓN
Adolfo 1921

Después de todo...

(la luna
abre su cola
de oro)

...nada...

(la luna
cierra su cola
de plata.)

Lejos
una estrella
hiere el pavo real
del cielo.

PAISAJE SIN CANCIÓN

Cielo azul.
Campo amarillo.

Monte azul.
Campo amarillo.

Por la llanura tostada
va caminando un olivo.

Un solo
olivo.

FERIAS

POEMA DE LA FERIA

Bajo el sol de la tuba
pasa la Feria
suspirando a los viejos
pegasos cautivos.

La feria
es una rueda.
Una rueda de luces
sobre la noche.

Los círculos concéntricos
del «tío vivo» llegan
ondulando la atmósfera
hasta la luna.

Y hay un niño que pierden
todos los poetas.
Y una caja de música
sobre la brisa.

CABALLITOS

¡Oh qué pena de caballos!
Atravesados
por lanzas de caballeros
malos.

Venís a la tierra huyendo
de un cuento al revés. De un campo
lleno de viejos dragones
vencedores de los santos.

De misioneros del sueño
a los campos del diablo
el Señor os envió.
(Dios es un general malo.)

Y a la vuelta de la sombra
el hombre os ha encadenado
en una rueda que gira
por las noches de verano.

Don Quijote cuando niño
os cabalgó suspirando
por Dulcinea que iba,
como ahora, por los astros.

¡Pobres pegasos heridos!
Cuando niño yo he soñado
un amor de luna muerta
sobre vuestros lomos blancos.

¡Oh qué pena de caballos!
Atravesados
por lanzas de caballeros
malos.

FERIA ASTRAL
Noche abierta

Sobre el eje de la luna
gira el «tío vivo» de Dios.

Si no, el poeta
solloza lejos del tumulto.

Entre las estrellas niñas
baila la Osa Mayor.

Y en las crestas de las frondas
gira el cilindro de la brisa.

Bajo la aurora
una estrella viejecita
vende turrón de nieve.

(Noche abierta.)

VERBENA

El que va a la verbena
entra en la casa
de las luciérnagas.

Chin
tata
tata chin.

A pesar de que
no hay más verbena
que la de Cartagena.

Chin tata
chin tata
chin.

¡Qué locura de amor
y de pena!
Y este corazón mío
¡cómo se deleita
descubierto
esperando la flecha!

Chin tata
chin tata
chin.

GRITO

Cínife.
Mariposa.
Pájaro.
Estrella.

¿Qué?

Estrella.
Pájaro.
Mariposa.
Cínife.

Ya en el suelo,
mi corazón atravesado
vuela sobre la muchacha
de la feria.

TAMBOR

El tambor
es el corazón
de la feria.

Un corazón marchito
que late como si fuera
de un niño.

Ningún músico
lo ha visto.

Él es el verdadero
Pierrot que canta lírico
a la luna que cabe
dentro de su anillo
con una melodía
de amor desconocido.

El tambor tiene una luz
de pergamino.
(Musical fuego fatuo.)
Y en las noches de Estío
mil mariposas ciegas
persiguen sus latidos.

El tambor es la nostalgia
del camino.
Suena a cielo con nubes
y a lejano infinito.

En el barco encallado
del circo
o en el aire campesino
¡late!

¡Oh ataúd de la luna
llena!

ROSAS DE PAPEL

Aquel hombre
de la constelación inmensa,

Atlante
de multicolor estrella,
va perdido entre las llagas
de las antorchas.

Aquel hombre
de la nube de risas
lleva
rosas para los vientos
de la infancia.

Y aquel hombre,
fantasma del Otoño,
se reserva
las rosas de los niños
muertos
y se las manda
en una cometa.

LUNA DE FERIA

La luna
no se ve en las ferias.
¡Hay demasiadas lunas
sobre el césped!

Todo juega a ser luna.
La misma feria
es una luna herida
que cayó en la ciudad.

Lunas microscópicas
bailan en los cristales
y algunas se detienen
sobre los nubarrones
de la charanga.

La luna del azul
no se ve en las ferias.
Se vela suspirando:
«¡Me duelen los ojos!»

CANCIÓN MORENA

Me perdería
por tu país moreno,
María del Carmen.

Me perdería
por tus ojos sin nadie
pulsando los teclados
de tu boca inefable.

En tu abrazo perpetuo
sería moreno el aire
y tendría la brisa
el vello de tu carne.

Me perdería
por tus senos temblantes,
por las hondas negruras
de tu cuerpo suave.

Me perdería
por tu país moreno,
María del Carmen.

COLUMPIO

La niña va en el columpio
de Norte a Sur,
de Sur a Norte.

En la parábola
tiembla una estrella roja
bajo todas las estrellas.

CONFUSIÓN

Sobre las casas despiertas
van serpentinas sonoras.

¡Rojas. Amarillas. Verdes!

La placeta está inundada
por los caños de los pitos.

¡Rojos. Amarillos. Verdes!

Las gentes van descarriadas
por laberintos de música.

¡Azules. Rosas. Azules!

Y el reloj no tiene hora
ni las pupilas miradas.

¡Negras. Negras. Negras!

OCASO DE FERIA

Los balcones se cierran
para enjaular los besos.

¡Oh, cuánta estrella,
cuánta estrella!

¡Se va apagando en el aire
un aristón moribundo!

¡Más estrellas,
más estrellas!

Pero los pobres pegasos
no pueden cerrar sus ojos.

¡Oh, la única
estrella!

TRINO
Variación final

Ante la feria desierta
el poeta suspira.

(El viento bate las lonas.)
Y por las frondas verdes
su pájaro se va.

Pájaro de Mambrún,
pájaro sin hogar,
cantando el pío pío,
cantando el pío pa.

SOMBRA

PUEBLO

Entre tejado y tejado
va el alto río del cielo.

Sobre las acacias viejas
duermen pájaros errantes.

Y la torre sin campanas
(Santa Lucía de piedra)
se afirma en la tierra dura.

MEMENTO

Cuando muramos
nos llevaremos
una serie de vistas
del cielo.

(Cielos de amanecer
y cielos nocturnos.)

Aunque me han dicho
que muertos
no se tiene
más recuerdo
que el de un cielo de Estío,
un cielo negro
estremecido
por el viento.

MURCIÉLAGO

El murciélago,
elixir de la sombra,
verdadero amante de la estrella,
muerde el talón del día.

FIN

Ya pasó
el fin del mundo

y ha sido
el juicio tremendo.
Ya ocurrió catástrofe
de los luceros.

El cielo de la noche
es un desierto,
un desierto de lámparas
sin dueño.

Muchedumbres de plata
se fueron
a la densa levadura
del misterio.

Y en el barco de la Muerte
vamos los hombres, sintiendo
que jugamos a la vida,
¡que somos espectros!

Mirando a los cuatro puntos
todo está muerto.
El cielo de la noche
es una ruina,
un eco.

OSA MAYOR
Juguete

*(Éramos siete.
¿Dónde estamos?)*

Da tristeza
ver el carro
sin auriga
ni caballo.

Sobre el cielo
da una pena
suave verte soñando
con un camino de oro
y boreales caballos.

Sobre el negro cristalino
¡qué harás cuando tengas, carro,
con las lluvias de los tiempos
tus luceros oxidados!
¿No piensas nunca meterte
bajo techado?

Yo te unciría una noche
a dos grandes bueyes blancos.

PONIENTE

Sobre el cielo exquisito,
más allá del violado,

hay nubes desgarradas
como camelias grises,
y un deseo de alas
sobre las crestas frías.

Un ocaso teñido
de sombras como éste
dará una noche inmensa
sin brisa ni caminos.

CUMBRE

Cuando llegue a la cumbre...

(Oh corazón desolado,
San Sebastián de Cupido.)

Cuando llegue a la cumbre...

¡Dejadme cantar!
Porque cantando
no veré los oteros sombríos
ni los rebaños
que en lo profundo van
sin pastores.
Cantando
veré la única estrella
que no existe.

Cuando llegue a la cumbre...
cantando.

SAUCE

¡Jeremías
exquisito!

Las lágrimas asoman
por tus ojos fríos,
mas tu llanto no rueda
sobre el camino.

Abres bajo tus ramas
un abismo
y matizas con gestos
el color vespertino.

¡Oh Jeremías
exquisito!

NOCHE

(Suite para piano y voz emocionada.)

Estrellas amaestradas.
Claro azul.
Doña Luna sonríe
(Salomé centenaria.)
Venus tiene un penacho
de plumas.

Arena de niebla.
Lámparas de sueños.
Caballitos luceros
van y vienen
salpicando rocío
y luz de amanecer.

¡Oh corazón mío,
corazón con alas,
da tu salto mortal
sobre el arco de la noche!

RASGOS

Aquel camino
sin gente.
Aquel camino.

Aquel grillo
sin hogar.
Aquel grillo.

Y esta esquila
que se duerme.
Esta esquila...

PRELUDIO

El buey
cierra sus ojos

lentamente...
(Calor de establo.)

Éste es el preludio
de la noche.

RINCÓN DE CIELO

La estrella
vieja
cierra sus ojos turbios.

La estrella
nueva
quiere azular
la sombra.

(En los pinos del monte
hay luciérnagas.)

TOTAL

La mano de la brisa
acaricia la cara del espacio
una vez
y otra vez.
Las estrellas entornan
sus párpados azules
una vez
y otra vez.

UN LUCERO

Hay un lucero quieto,
un lucero sin párpados.
-¿Dónde?
-Un lucero...
En el agua dormida
del estanque.

FRANJA

El camino de Santiago.
(Oh noche de mi amor
cuando estaba la pájara pinta
pinta
pinta
en la flor del limón.)

UNA

Aquella estrella romántica
(para las magnolias,
para las rosas).

Aquella estrella romántica
se ha vuelto loca.

Balalín,
balalán.

(Canta, ranita,
en tu choza
de sombra.)

MADRE

La osa mayor
da teta a sus estrellas
panza arriba.
Gruñe
y gruñe.
¡Estrellas niñas, huid,
estrellitas tiernas!

RECUERDO

Doña Luna no ha salido.
Está jugando a la rueda
y ella misma se hace burla.
Luna lunera.

HOSPICIO

Y las estrellas pobres,
las que no tienen luz,
¡qué dolor,
qué dolor,
qué pena!,

están abandonadas
sobre un azul borroso.

¡Qué dolor,
qué dolor,
qué pena!

COMETA

En Sirio
hay niños.

VENUS

Ábrete, sésamo
del día.
Ciérrate, sésamo
de la noche.

ABAJO

El espacio estrellado
se refleja en sonidos.
Lianas espectrales.
Arpa laberíntica.

LA GRAN TRISTEZA

No puedes contemplarte
en el mar.
Tus miradas se tronchan
como tallos de luz.
Noche de la tierra.

CUATRO BALADAS AMARILLAS

I

En lo alto de aquel monte
hay un arbolito verde.

Pastor que vas,
pastor que vienes.

Olivares soñolientos
bajan al llano caliente.

Pastor que vas,
pastor que vienes.

Ni ovejas blancas ni perro
ni cayado ni amor tienes.

Pastor que vas.

Como una sombra de oro
en el trigal te disuelves.

Pastor que vienes.

II

La tierra estaba
amarilla.

*Orillo, orillo,
pastorcillo.*

Ni luna blanca
ni estrella lucían.

*Orillo, orillo,
pastorcillo.*

Vendimiadora morena
corta el llanto de la viña.

*Orillo, orillo,
pastorcillo.*

III

*Dos bueyes rojos
en el campo de oro.*

Los bueyes tienen ritmo
de campanas antiguas
y ojos de pájaro.
Son para las mañanas
de niebla, y sin embargo
horadan la naranja
del aire, en el verano.
Viejos desde que nacen
no tienen amo
y recuerdan las alas
de sus costados.
Los bueyes
siempre van suspirando
por los campos de Ruth
en busca del vado,
del eterno vado,
borrachos de luceros
a rumiarse sus llantos.

*Dos bueyes rojos
en el campo de oro.*

IV

*Sobre el cielo
de las margaritas ando.*

Yo imagino esta tarde
que soy santo.
Me pusieron la luna
en las manos.

Yo la puse otra vez
en los espacios
y el Señor me premió
con la rosa y el halo.

*Sobre el cielo
de las margaritas ando.*

Y ahora voy
por este campo
a librar a las niñas
de galanes malos
y dar monedas de oro
a todos los muchachos.

*Sobre el cielo
de las margaritas ando.*

RETORNO

EL REGRESO

Yo vuelvo
por mi alas.

¡Dejadme volver!

¡Quiero morirme siendo
amanecer!

¡Quiero morirme siendo
ayer!

Yo vuelvo
por mis alas.

¡Dejadme retornar!

Quiero morirme siendo
manantial.

Quiero morirme fuera
de la mar.

CORRIENTE

El que camina
se enturbia.

El agua corriente
no ve las estrellas.

El que camina
se olvida.

Y el que se para
sueña.

HACIA...

Vuelve,
¡corazón!
vuelve.

Por las selvas del amor
no verás gentes.
Tendrás claros manantiales.
En lo verde
hallarás la rosa inmensa
del siempre.
Y dirás: ¡Amor! ¡amor!,
sin que tu herida
se cierre.

Vuelve,
¡corazón mío!,
vuelve.

RECODO

Quiero volver a la infancia
y de la infancia a la sombra.

¿Te vas, ruiseñor?
Vete.

Quiero volver a la sombra
y de la sombra a la flor.

¿Te vas, aroma?
¡Vete!

Quiero volver a la flor
y de la flor
a mi corazón.

¿Te vas, amor?
¡Adiós!

(¡A mi desierto corazón!)

DESPEDIDA

Me despediré
en la encrucijada
para entrar en el camino
de mi alma.
Despertando recuerdos
y horas malas
llegaré al huertecillo
de mi canción blanca
y me echaré a temblar como
la estrella de la mañana.

RÁFAGA

Pasaba mi niña,
¡qué bonita iba!,
con su vestidito

de muselina.
Y una mariposa
prendida.

¡Síguela, muchacho,
la vereda arriba!
Y, si ves que llora
o medita,
píntale el corazón
con purpurina.

Y dile que no llore
si queda solita.

ÁLBUM BLANCO

A Claudio de la Torre

Eloísa López tenía un álbum sin escribir. Y se ha muerto. ¡Pobrecita! Pero yo se lo escribo con tinta blanca. Ruego a los lectores una oración por su alma. El arzobispo de Constantinopla se ha dignado conceder 100 días de indulgencia. ¡Ah! Si ustedes la hubiesen conocido...

PRIMERA PÁGINA
Cerezo en flor

En Marzo
te marchas a la luna.
Dejas aquí tu sombra.

Las praderas se tornan
irreales.
Llueven pájaros blancos.
Y yo me pierdo en tu bosque
gritando:
¡Ábrete, sésamo!
¿Seré niño?
Gritando:
¡Ábrete, sésamo!

SEGUNDA PÁGINA
Cisne

Ni Pan
ni Leda.

(Sobre tus alas
se duerme la luna llena.)

Ni bosque
ni siringa.

(Por tu plumaje
resbala la noche fría.)

Ni carne rubia
ni besos.

(De escarcha y sueño remolcas
a la barca de los muertos.)

TERCERA PÁGINA
Inventos

(Estrellas de la nieve)
Hay montañas
que quieren ser
de agua
y se inventan estrellas
sobre la espalda.

(Nubes)
Y hay montañas
que quieren tener
alas
y se inventan las nubes
blancas.

CUARTA PÁGINA
Nieve

Las estrellas
se están desnudando.
Camisas de estrellas
caen sobre el campo.

QUINTA PÁGINA
Amanece

La cresta del día
asoma.

Cresta blanca
de un gallo de oro.

La cresta de mi risa
asoma.
Cresta de oro
de un gallo de sombra.

ÚLTIMA PÁGINA
Baladilla de Eloísa muerta
(Palabras de un estudiante)

Estabas muerta,
como al final
de todas las novelas.
Yo no te amaba, Eloísa.
¡Y eras tan tierna!
Con música de Bécquer
o de Espronceda,
tú me soñabas guapo
con melena,
y yo te daba besos
sin darme cuenta
de que no te decía:
¡oh labios de cereza!
Qué gran romántica
eras.
Bebías vinagre a escondidas
de tu abuela.
Te pusiste como una
celinda de primavera.

Y yo estaba enamorado
de otra. ¿No ves qué pena?
De otra que estaba escribiendo
un nombre sobre la arena.

Cuando yo llegué a tu casa
estabas muerta
entre cirios y entre albahacas,
igual que en las novelas.
Rodeaban tu barquita
las niñas de tu escuela.
Habías bebido el vinagre
de la botella eterna.

Tilín talán
te lloraban
las campanas tiernas.

Talán tilín
en la tarde
con dolor de cabeza.
Quizá soñabas durmiendo
que eras Ofelia
sobre un lago azul de agua
calenturienta.

Tilín talán
¡que te lloren
las campanas tiernas!

¡Talán tilín
en la tarde
con dolor de cabeza!

HORAS DE VERANO

Afilador.
(Las tres.)
El alma de Pan
en los labios
del afilador.

¡Qué tristeza
tan polvorienta!

Evoca
un verde remanso
y una cadera
entre las ramas.

El hombre lleva
la rueda
de Santa Catalina.

¡Qué tristeza!

LAS TRES

¡Ya se está levantando
el aire del Poniente!

La tierra está cubierta
por un mar amarillo.
Hay un hombre de oro
bañándose en el río
y ha naufragado el sol
en un azul derretido.

-Ya se está levantando
el aire del Poniente.-

LAS CINCO
Potro

Por la calle sin gente
pasa un caballo negro,
el caballo errabundo
de los malos sueños.

El aire del Poniente
viene a lo lejos,
una ventana gime
con el viento.

LAS SEIS

Los pájaros empujan
a la tarde
y llevan con sus picos
la cola azul del día.

El ocaso tatuado
de veletas
sostiene la barca
de la media luna.

Y en la fuente fría
canta la culebra.

LAS SIETE

La primera estrella.
Todo mira hacia Venus
y ella, como una niña
que se cae en el aljibe,
tiembla y tiembla
como diciendo:
¿Volveré mañana?

LAS OCHO

El cielo se arrancó
la venda
y el dragón de los mil ojos

nos lame con sus lenguas
de viento.

Venus se extravía
por las muchedumbres
y yo me acuerdo de una novia
que no he tenido nunca.

LAS NUEVE

Azul sin sangre.
Aire de terciopelo.

¡Oh amiga mía!
Podemos
bajar a la cisterna del corazón.
Podemos
por el río de las palabras
llegar a la isla del beso.
Podemos
hundirnos en el olivar
sediento.

VILANO DE NOCHE

Sobre el agua
que late entre las zarzas
las estrellas se alargan.

SECRETOS

FUENTE

Ante la fuente fría
Cristo medita
con una semilla
entre las manos.

(Está sediento el cauce
de la brisa.)

Ante la fuente clara
Cristo y su alma
luchan por la palabra
que duerme todavía.
¡Pero la fuente mana!

PAN

¡Ved qué locura!
Los cuernos de Pan
se han vuelto alas
y como una mariposa
enorme
vuela por su selva
de fuego.
¡Ved qué locura!

LEÑADOR

En el crepúsculo
yo caminaba.
«¿Dónde vas?», me decían.
«A cazar estrellas claras.»
Y, cuando las colinas
dormían, regresaba
con todas las estrellas
en la espalda.
¡Todo el haz
de la noche blanca!

ESPEJO

Mi cintillo de oro
se perdió en el espejo.
(Quiero decir
que nunca existió.)

En el espejo se pierden
las cosas que no existen.

Mi cintillo era de oro:
¿de sol o de margaritas?

¿Qué mujer me lo dio?
Preguntárselo a mi espejo.

Por... más... que...
¡yo no tengo espejo!

PUERTA ABIERTA

Las puertas abiertas
dan siempre a una sima,
mucho más profunda
si la casa es vieja.

La puerta
no es puerta
hasta que un muerto
sale por ella
y mira doliente, crucificada
a la madrugada sanguinolenta.

¡Qué trabajo nos cuesta
traspasar los umbrales
de todas las puertas!
Vemos dentro una lámpara
ciega
o una niña que teme
las tormentas.

La puerta es siempre la clave
de la leyenda.
Rosa de dos pétalos
que el viento abre
y cierra.

VIAJE

He visto las colas del viento,
las flores de la brisa.
He visto el pájaro Griffón
y la torre de Delgadina.

¿De dónde vienes,
de dónde?

He visto un camino azul
y unas niñas
que iban cantando el romance
de la verde oliva.

¿No sabes de dónde vengo,
niña mía?
Pues... de tu última
sonrisa.

BOTICA

¿Esos venenos
son de la India?

¿Y esos perfumes
son de la Arabia?

(El boticario solloza
junto a su niño muerto.)

¿Aquel bálsamo cura
heridas de amor?

¿Y el agua sonrosada
de la juventud?

(El boticario se inclina
sobre su niño muerto.)

Dígame: ¿alguna rosa
da un veneno violento?

¿Qué tiene esa redoma?
¿No ve usted cómo tiembla?
....
(Entre los sollozos
se oye un batir de alas
dentro de todos los frascos.)

DONCELLITA

¿Por qué te recuerdo
bajo una lluvia de Marzo
al salir del colegio?

Pajarita de las nieves
te llamaban. Un interno
te dio su rosa. Luego
se te cayó la pluma
con que escribo los versos.
Tan pequeñita, y tú
¡sin saberlo!

SEIS CANCIONES DE ANOCHECER

HORIZONTE

Sobre la verde bruma
se cae un sol sin rayos.

La ribera sombría
sueña al par que la barca
y la esquila inevitable
traba la melancolía.

En mi alma de ayer
suena un tamborcillo
de plata.

PESCADORES

El árbol gigantesco
pesca con sus lianas
topos raros
de la tierra.

El sauce sobre el remanso
se pesca sus ruiseñores
… pero en el anzuelo verde
del ciprés la blanca luna
no morderá… ni
tu corazón al mío,
morenita de Granada.

SOLITARIO
Zujaira

Sobre el pianísimo
del oro...
mi chopo
solo.

Sin un pájaro
armónico.

Sobre el pianísimo
del oro...

El río a sus pies
corre grave y hondo
bajo el pianísimo
del oro...

Y yo con la tarde
sobre mis hombros
como un corderito
muerto por el lobo
bajo el pianísimo
del oro.

DELIRIO

Disuelta la tarde
y en silencio el campo.

Los abejarucos
vuelan suspirando.

Los fondos deliran
azules y blancos.

El paisaje tiene
abiertos sus brazos.

¡Ay, Señor, Señor,
esto es demasiado!

MEMENTO
Aire de llano

La luna ya se ha muerto
do-re-mi
la vamos a enterrar
do-re-fa
en una rosa blanca
do-re-mi
con tallo de cristal
do-re-fa.
Bajó hasta la chopera
do-re-mi
se enredó en el zarzal
do-re-fa.
¡Me alegro porque era
do-re-mi
presumida de más!
do-re-fa.

No hubo para ella nunca
do-re-mi
marido ni galán
do-re-fa.
¡Cómo se pondrá el cielo!
do-re-mi
¡Ay, cómo se pondrá!
do-re-fa
cuando llegue la noche
do-re-mi
y no la vea en el mar
do-re-fa.
¡Acudid al entierro!
do-re-mi
cantando el pío pa
do-re-fa.
Se ha muerto la Mambruna
do-re-mi
de la cara estelar
do-re-fa.
¡Campanas de las torres
do-re-mi
doblar que te doblar!
do-re-fa.
Culebras de las fuentes
do-re-mi
¡cantar que te cantar!
do-re-fa.

ÚLTIMA LUZ

En la confusión
azul
una hoguera lejana
(lanzada en el corazón
del monte).

Los pájaros juegan
al viento entre los chopos
y se ahondan
los cauces.

TRES CREPÚSCULOS

A Conchita, mi hermana

I

La tarde está
arrepentida
porque sueña
con el mediodía.
(Árboles rojos y nubes
sobre las colinas.)
La tarde soltó su verde
cabellera lírica
y tiembla dulcemente
… le fastidia
ser tarde habiendo sido
mediodía.

II

¡Ahora empieza la tarde!
¿Por qué? ¿Por qué?
… Ahora mismo
he visto al día inclinarse
como un lirio.
La flor de la mañana
dobla el tallo
… ahora mismo…
La raíz de la tarde
surge de lo sombrío.

III

¡Adiós, sol!

Bien sé que eres la luna,
pero yo
no lo diré a nadie,
sol.
Te ocultas
detrás del telón
y disfrazas tu rostro
con polvo de arroz.
De día, la guitarra
del labrador;
de noche, la mandolina
de Pierrot.
¡Qué más da!
Tu ilusión

es crear el jardín
multicolor.
¡Adiós, sol!
No olvides lo que te ama
el caracol,
la viejecilla
del balcón
y yo...
que juego al trompo con mi...
corazón.

RÍO AZUL

Río azul.
El barco de marfil
lleva las manzanas
de los besos muertos.
Manzanas de nieve
con el surco tembloroso de los labios.

Río azul.

Y el agua
es una mirada líquida,
un brazo de pupila
infinita.

Río azul.

SUEÑOS

Todo mi sueño se cierra
como se debe cerrar
un lucero
viejo
que no quiere gastar
su última luz.

Todo mi sueño
pintado por fuera
con mi palabra
vana.

¡Mi sueño!
Granero de estrellas
con sus gusanos
de oro.

¡Mi sueño!
Paseo provinciano
con un banco
desierto.
Doña Distracción
hace girar
sus cien ojos
y una negra figura
se va por el camino
de la lluvia.

Todo mi sueño se cierra.

Las lianas del azul
tocan mi frente.
Ramas nebulosas
de los abetos
de Jehová
enturbian el horizonte
casto.

¡Divina confusión
del azul hundido!
Estrellas caídas
sobre la calva de la luna,
penachos de vegetación ideal.
Las otras estrellas
salen del cascarón
y la semilla de un cielo nuevo
se entierra en el infinito
frío.

¡Mi corazón
se llena
de alas!
El ejército
de los recuerdos
se pierde
en el camino
de la Muerte.

En la hoja
de rosa
de la Tierra,
paso bajo la ideal selva,

Pulgarcito sin cuento
y sin deseo.

SOLEDAD

Abandono mi vestido
y estrujo mi corazón.
Mi corazón rezuma niebla.
Cuando la selva del azul oculte
la tierra,
mi corazón continuará
empapado de niebla.

Río azul.
Yo busco mi beso antiguo.
El beso
de mi única hora.
Mi boca, lámpara
apagada,
busca su luz.
Río azul.

Pero había
montones de besos,
moldes de bocas borradas
y besos eternos
adheridos como caracoles
al mástil de marfil.

El barco se detiene.
Hay una tranquilidad sin ritmo

y yo subo a cubierta
con mi traje lírico.

Y los besos extraños,
pompas de jabón
que el alma fabrica,
me ahogan.
Mientras el mío huye
por una fría
ceniza boreal.

Río azul.

HISTORIETAS DEL VIENTO

A Miguel Pizarro

El viento venía rojo
por el collado encendido
y se ha puesto verde verde
por el río.

Luego se pondrá violeta
y amarillo y...
será sobre los sembrados
un arco iris tendido.

CALMA

Viento estancado.
Arriba el sol.
Abajo
las algas temblorosas
de los álamos.
Y mi corazón
temblando.

Viento estancado.
A las cinco de la tarde.
Sin pájaros.

BRISA
(Definiciones)

La brisa
es ondulada
como los cabellos
de algunas muchachas,
como los marecitos
de algunas viejas tablas.
La brisa
brota como el agua
y se derrama
-tenue bálsamo blanco-
por las cañadas,
y se desmaya
al chocar con lo duro
de la montaña.

ROSA

¡Rosa de los vientos!
(Metamorfosis
del punto negro.)

¡Rosa de los vientos!
(Punto florecido.
Punto abierto.)

ESCUELA

MAESTRO
¿Qué doncella se casa
con el viento?

NIÑO
La doncella de todos
los deseos.

MAESTRO
¿Qué le regala
el viento?

NIÑO
Remolinos de oro
y mapas superpuestos.

MAESTRO
¿Ella le ofrece algo?

NIÑO
Su corazón abierto.

MAESTRO
Decid cómo se llama.

NIÑO
Su nombre es un secreto.

(La ventana
del colegio
tiene una cortina
de luceros.)

MEDITACIONES Y ALEGORÍAS DEL AGUA

Hace muchos años yo, soñador modesto y muchacho alegre, paso todos los veranos en la fresca orilla de un río. Por las tardes, cuando los admirables abejarucos cantan presintiendo el viento, y la cigarra frota con rabia sus dos laminillas de oro, me siento junto a la viva hondura del remanso y echo a volar mis propios ojos que se posan asustados sobre el agua o en las redondas copas de los álamos.

Bajo las mimbres picudas, junto a la lengua del agua, yo siento cómo toda la tarde abierta hunde mansamente con su peso la verde lámina del remanso, cómo las ráfagas de silencio ponen frío el asombrado cristal de mis ojos.

Los primeros días me turbó el espléndido espectáculo de los reflejos, las alamedas caídas que se ponen salomónicas al menor suspiro del agua, los zarzales y los juncos que se rizan como una tela de monja.

Pero yo no observé que mi alma se iba convirtiendo en prisma, que mi alma se llenaba de inmensas perspectivas y de fantasmas temblorosos. Una tarde miraba fijamente la verdura movible de las ondas y pude contemplar cómo un extraño pájaro de oro se curvaba sobre las ondas de un chopo reflejado; miré a la copa real que estaba inundada de sol poniente y sólo los invisibles pajarillos del viento jugaban entre las hojas; el pájaro de oro había desaparecido.

Una frescura maravillosa invadió todo mi cuerpo, envuelto en las últimas hebras de la cabellera crepuscular y una inmensa avenida luminosa atravesaba mi corazón. ¿Es posible? ¿Mi alma hace excursiones a las ondas en vez de visitar las estrellas?

La esquila de un rebaño ponía ecos oscuros en mi garganta y yo sentí la piel maravillosa de mi alma salpicada de gotitas cristalinas. ¿Cómo no has guardado, alma mía, el temblor de Venus o el violín de los vientos y has guardado en cambio el alga sonora de las cascadas y la inmensa flor del círculo concéntrico? ¡Y vi todos mis recuerdos reflejados!

> El remanso tiene lotos
> de círculos concéntricos.
>
> Sobre mis sienes soporto
> la majestad del silencio.
>
> Maravillosos biseles
> estremecen a los álamos.
>
> Por las hierbas de la orilla
> van los caracoles blancos.

ENSUEÑOS DEL RÍO
Río Genil

Las alamedas se van
pero dejan su reflejo.

   (¡Oh qué bello
   momento!)

Las alamedas se van
pero nos dejan el viento.

El viento está amortajado
a lo largo bajo el cielo.

   (¡Oh qué triste
   momento!)

Pero ha dejado flotando
sobre los ríos sus ecos.

El mundo de las luciérnagas
ha invadido mis recuerdos.

   (¡Oh qué bello
   momento!)

Y un corazón diminuto
me va brotando en los dedos.

CORRIENTE LENTA
En el Cubillas

Por el río se van mis ojos,
por el río...

Por el río se va mi amor,
por el río...

(Mi corazón va contando
las horas que está dormido.)

El río trae hojas secas,
el río...

El río va claro y hondo,
el río...

(Mi corazón me pregunta
si puede cambiar de sitio.)

BARRA

Yo volvía del secano. En lo hondo estaba la vega envuelta en su temblor azul. Por el aire yacente de la noche estival flotaban las temblorosas cintas de los grillos.

La música del secano tiene un marcado sabor amarillento.

Ahora comprendo cómo las cigarras son de oro auténtico y cómo un cantar puede hacerse ceniza entre los olivares.

Los muertos que viven en estos cementerios, tan lejos de

todo el mundo, deben ponerse amarillos como los árboles en Noviembre.

Ya cerca de la vega parece que penetramos en una pecera verde; el aire es un mar de ondas azules, un mar hecho para la luna, donde las ranas tocan sus múltiples flautas de caña seca.

Bajando del secano a la vega se tiene que cruzar un misterioso vado que pocas personas perciben: el Vado de los sonidos. Es una frontera natural donde un silencio extraño quiere apagar dos músicas contrarias. Si tuviéramos la retina espiritual bien constituida, podríamos apreciar cómo un hombre que baja teñido por el oro del secano se ponía verde al entrar en la vega, después de haber desaparecido un momento en la turbia corriente musical de la divisoria.

Yo he querido seguir un momento el camino emocionante (de un lado las ranas, del otro los grillos) y he bebido fríos hilillos de silencio reciente entre los imperceptibles choques sonoros.

¿Qué hombre puede recorrer este camino largo sin que su alma se llene de un arabesco confuso? ¿Quién se atreve a decir: «he andado un camino con la cabeza, un camino que no es de pájaro ni de pez ni de hombre, sino el camino de las orejas»?

¿Es éste el camino que va a *Ninguna parte*, donde están los que han muerto esperando? Desde la cola del olivar hasta las avanzadas de los chopos, ¡qué admirables algas y lucecillas invisibles deben flotar!

Me he detenido ante la corriente y las largas antenas de mis oídos han explorado la profundidad. Por aquí es ancho y lleno de remolinos pero en el monte se enterrará bajo las arenas azules del desierto. Ahora tiene la sublime confusión de los sueños olvidados.

La luna menguante, como un ajo de oro, pone un bozo adolescente a la comba del cielo.

LA PALMERA
Poema tropical

LÍMITES

En el cielo la estrella
y el pulpo abajo.

(La palmera de Satán
y la palmera de Zoroastro.)

La estrella flota
en el espacio.

El pulpo flota
en el Mediterráneo.

La palmera de Satán
y la palmera de Zoroastro
se mueven cuando agitan
los brazos.

* * * * * * * * * * * *

(El azul es el bosque
libertado.)

(El mar es una palmera
que vemos a vista
de pájaro.)

PALMERA

Entre el cielo y el agua
abres tu inmensa flor.
Rosa viva del viento
mediterráneo.

Te dan aire de negra
tus adornos de dátiles
y evocas la Gorgona
pensativa.

Eres junto a las olas
una araña cigüeña
que teje sal y yodo
de los ritmos
y que sueña en la arena
bajo su pie escamado
un país de remansos
azules.

MEDITERRÁNEO

¡Mar latino!
¡Palmeras
y olivos!

El grito de la palma
o el silencio del pino.
Siento como una inmensa
columna subir tu ruido

por encima de todos
los mares.
¡Mar latino!
Entre las torres blancas
y el capitel corintio
te cruzó patinando
la voz de Jesucristo.
¡Mar latino!

El gran falo del cielo
te dio su calor. Tu ritmo
fluye en ondas concéntricas
de Venus, que es tu ombligo.
¡Mar latino!

Guardas gestos inmortales
y eres humilde. Yo he visto
salir marineros ciegos
y volver a su destino.
¡Oh Pedro de los mares!
¡Oh magnífico
desierto coronado
de palmeras y olivos!

LA PALMA

La palma es el aire.
Ni el río ni Eva
logran plasmar curvas
tan perfectas.

La palma es el oro.
Ni el limón ni el trigo
logran ir más allá
del amarillo.

La palma es la Gracia.
En nuestras manos
llega a la cumbre azul
del desmayo.

NEWTON

En la nariz de Newton
cae la gran manzana,
bólido de verdades.
La última que colgaba
del árbol de la Ciencia.

El gran Newton se rasca
sus narices sajonas.
Había una luna blanca
sobre el encaje bárbaro
de las hayas.

EN EL BOSQUE

Los gnomos
de los secretos

se mesan
los cabellos.
Amarran a la Muerte
y ordenan a los ecos
que despierten al hombre
con sus espejos.
En un rincón
está el secreto
revelado,
muerto.
Lo lloran
sus compañeros.
Es un joven azul
con los pies de hierro
que tiene entre las cejas
un lucero.
Lo lloran
sus compañeros.
El lago verde tiembla.
Hace viento.

ARMONÍA

Las olas
riman con el suspiro
y la estrella
con el grillo.

Se estremece en la córnea
todo el cielo frío,
y el punto es una síntesis
del infinito.

¿Pero quién une olas
con suspiros
y estrellas
con grillos?

Esperar que los Genios
tengan un descuido.
Las claves van flotando
entre nosotros mismos.

EL ÚLTIMO PASEO DEL FILÓSOFO

Newton
paseaba.
La muerte lo iba siguiendo
rasgueando su guitarra.

Newton
paseaba.
Los gusanos roían
su manzana.

Sonaba el viento en los árboles
y el río bajo las ramas.
Wordsworth hubiera llorado.
El filósofo tomaba
posturas inverosímiles
esperando otra manzana.
Corría por el camino
y tendíase junto al agua
para hundir su rostro en
la gran luna reflejada.

Newton
lloraba.

En un alto cedro dos
viejos búhos platicaban
y en la noche lentamente
el sabio volvía a su casa
soñando inmensas pirámides
de manzanas.

RÉPLICA

Adán comió la manzana
de la virgen Eva.
Newton fue un segundo Adán
de la Ciencia.
El primero conoció
la belleza.
El segundo un Pegaso
cargado de cadenas.
Y no fueron culpables.
Las dos manzanas eran
sonrosadas
y nuevas
pero de amarga
leyenda.
¡Los dos senos cortados
de la niña inocencia!

PREGUNTA

¿Por qué fue la manzana
y no
la naranja
o la poliédrica
granada?
¿Por qué fue reveladora
esta fruta casta,
esta poma suave
y plácida?

¿Qué símbolo admirable
duerme en sus entrañas?
Adán, Paris y Newton
la llevan en el alma
y la acarician sin
adivinarla.

CASTILLO DE FUEGOS ARTIFICIALES QUEMADO CON MOTIVO DEL CUMPLEAÑOS DEL POETA

PRIMERA COHETERÍA

Tú tú tú tú
yo yo yo yo.
¿Quién?...
¡ni tú
ni yo!

RUEDA CATALINA

Doña Catalina
tenía un pelo de oro
entre su cabellera
de sombra.

(¿A quién espero,
Dios mío,
a quién espero?)

Doña Catalina
camina despacio
poniendo estrellitas
verdes en la noche.

(Ni aquí
ni allí,
si no aquí.)

Doña Catalina
se muere y le nace
una granadita de luz
en la frente.

¡Chisssssssssssss!

SEIS COHETES

Seis lanzas de fuego
suben.

(La noche es una guitarra.)

Seis sierpes enfurecidas.
(Por el cielo vendrá San Jorge.)

Seis sopletes de oro y vientos.
(¿Se agrandará la ampolla
de la noche?)

JARDÍN CHINO

En bosquecillos
de grana y magnesio

saltan las princesitas
chispas.

Hay una lluvia de naranjas
sobre el zig-zag de los cerezos
y entre comas vuelan azules
dragoncillos amaestrados.

Niña mía, este jardincillo
es para verlo en los espejitos
de tus uñas.
Para verlo en el biombo
de tus dientes.
Y ser como un ratoncito.

GIRASOL

Si yo amara a un cíclope
suspiraría
bajo esta mirada
sin párpados.
¡Oh girasol de fuego!
El gentío lo mira
sin estremecimiento.
¡Ojo de la providencia
ante una muchedumbre
de Abeles!

¡Girasol girasol!
¡Ojo salvaje y puro
sin la ironía del guiño!

¡Girasol girasol!
¡Estigma ardiente sobre
los gentíos de feria!

DISCO DE RUBÍES

Gira y se estremece
como loco.

No sabe nada
y lo sabe todo.

¡Todas las flechas
a este corazón
redondo!

¡Todas las pupilas
a este corazón
redondo!

¡Lupa sangrienta entre
el misterio
y nosotros!

CAPRICHO

¡Tris!...

¿Has cerrado
los ojos?

¡Triiis!...

¿Más aún? Será una
muchacha de brisa.
Yo soy un hombre.

¡Tras!

Ya te vas, amor mío,
¿y tus ojos?

¡Traaas!...

Si los cierras yo tengo dos plumas
¿lo oyes? dos plumas que miran
de mi pavo real.

¡Tris!

¿Me has oído?

¡Traaas!...

JUEGO DE LUNAS

La luna está redonda.
Alrededor, una noria
de espejos.
Alrededor, una rueda
de agua.
La luna se ha hecho láminas
como un pan de oro blanco.
La luna
se ha deshojado
en lunas.
Bandadas de fuentes
vuelan por el aire.
En cada fuente yace
una luna difunta.
La luna
 se hace un bastón de luz
en el torrente claro.
La luna,
como una gran vidriera
rota, cae sobre el mar.
La luna
se va por un biombo
infinito.

¿Y la luna? ¿Y la luna?

(Arriba
no queda más que un arco
de cristalillos.)

RUEDAS DE FORTUNA

ABANICO

El zodíaco
de la suerte
se abre en el abanico
rojo, amarillo y verde.

En la selva de los números
la niña se pierde
con los ojos cerrados.
¿El cuatro? ¿El cinco? ¿El siete?

Cada número guarda
pájaro o serpiente.
«Sí», dice el cuatro.
«No», dice el veinte.

El dedo de la niña
sobre el cielo de la suerte
pone la estrella de
más rico presente.

RULETA

Rosa
de corola profunda.

¿Se te atraganta
la bolita?

Tienes un cielo
de joyas falsas
y te deshojan manos
descarnadas.

Giras
sobre turbias pupilas
en el acre jardín
de las interrogaciones.
Giras
sonámbula y fría,
abriendo tu gran cola
de pavo real de números.

MADRIGALES

I

Como las ondas concéntricas
sobre el agua,
así en mi corazón
tus palabras.

Como un pájaro que choca
con el viento,
así sobre mis labios
tus besos.

Como fuentes abiertas
frente a la tarde,
así mis ojos negros
sobre tu carne.

II

Estoy preso
en tus círculos
concéntricos.
¡Como Saturno
llevo
los anillos
de mi sueño!
Y no acabo de hundirme
ni me elevo.
¡Amor mío!
Mi cuerpo
flota sobre el remanso
de los besos.

CARACOL

Caracol,
estáte quieto.

Donde tú estés
estará el centro.

La piedra sobre el agua
y el grito en el viento
forman las imágenes
puras de tu sueño,
las circunferencias
imposibles en tu cuerpo.

Caracol col col col
estáte quieto.

Donde tú estés
estará el centro.

ESPIRAL

Mi tiempo
avanza en espiral.

La espiral
limita mi paisaje
y me hace caminar
lleno de incertidumbre.

¡Oh línea recta! Pura
lanza sin caballero.
¡Cómo sueña tu luz
mi senda salomónica!

BALADA DEL CARACOL BLANCO

Caracoles blancos.

Los niños juegan
bajo los álamos.

El río viejecito
va muy despacio
sentándose en las sillas
verdes de los remansos.
Mi niño ¿dónde está?
Quiere ser un caballo
¡tilín! ¡tilín! ¡tilín! Mi niño
¡qué loquillo! cantando
quiere salirse
de mi corazón cerrado.

Caracolitos chicos.
Caracoles blancos.

BALADA DEL CARACOL NEGRO

Caracoles negros.

Los niño sentados
escuchan un cuento.

El río traía
coronas de viento
y una gran serpiente
desde un tronco viejo
miraba las nubes
redondas del cielo.
Niño mío chico
¿dónde estás? Te siento
en el corazón
y no es verdad. Lejos
esperas que yo saque
tu alma del silencio.

Caracoles grandes.
Caracoles negros.

[SUITE]

ABANDONO

¡Dios mío, he venido con
la semilla de las preguntas!
Las sembré y no florecieron.

(Un grillo canta
bajo la luna.)

¡Dios mío, he llegado con
la corola de las respuestas
pero el viento no las deshoja!

(Gira la naranja
irisada de la Tierra.)

¡Dios mío, Lázaro soy!
Llena de aurora mi tumba,
da a mi carro negros potros.

(Por el monte lírico
se pone la luna.)

¡Dios mío me sentaré
sin pregunta y con respuesta!
A ver moverse las ramas.

(Gira la naranja
irisada de la Tierra.)

ESTÍO

Ceres ha llorado
sus lágrimas de oro.

Las profundas heridas
de los arados
han dado racimos
de lágrimas.

El hombre bajo el sol
recoge el gran llanto
de fuego.

El gran llanto de Cristo
recién nacido.

(Cruz.
Aspa.
Llama.)

Ceres está muerta
sobre la campiña,
su pecho
acribillado de amapolas,
su corazón
acribillado de cigarras.

CANCIÓN DE LA DESESPERANZA

Los olivos subían
y el río bajaba.

(Solo, yo me perdía
por los aires.)

Los Padres esperaban
el Santo Advenimiento
y las muchachas pintan
su corazón de verde.

(Solo, yo me perdía
por los aires.)

LA SELVA DE LOS RELOJES

Entré en la selva
de los relojes.

Frondas de tic-tac,
racimos de campanas
y, bajo la hora múltiple,
constelaciones de péndulos.

Los lirios negros
de las horas muertas,
los lirios negros
de las horas niñas.
¡Todo igual!
¿Y el oro del amor?

Hay una hora tan sólo.
¡Una hora tan sólo!
¡La hora fría!

MALEZA

Me interné
por la hora mortal.
Hora de agonizante
y de últimos besos.
Grave hora que sueñan
las campanas cautivas.

Relojes de cuco
sin cuco.
Estrella mohosa
y enormes mariposas
pálidas.

Entre el boscaje
de suspiros
el aristón
sonaba
que tenía cuando niño.

¡Por aquí has de pasar,
corazón!
¡Por aquí,
corazón!

VISTA GENERAL

Toda la selva turbia
es una inmensa araña
que teje una red sonora
 a la esperanza.
¡A la pobre virgen blanca
que se cría con suspiros y miradas!

ÉL

La verdadera esfinge
es el reloj.

Edipo nacerá de una pupila.

Limita al Norte
con el espejo
y al Sur
con el gato.

Doña luna es una Venus.

(Esfera sin sabor.)

Los relojes nos traen
los inviernos.

(Golondrinas hieráticas
emigran el verano.)

La madrugada tiene
un pleamar de relojes

DONDE SE AHOGA EL SUEÑO

Los murciélagos nacen
de las esferas.
Y el becerro los estudia
preocupado.

¿Cuándo será el crepúsculo
de todos los relojes?
¿Cuándo esas lunas blancas
se hundirán por los montes?

ECO DEL RELOJ

Me senté
en un claro del tiempo.
Era un remanso de silencio,
de un blanco
silencio.

Anillo formidable
donde los luceros
chocaban con los doce flotantes
números negros.

El Tiempo
tiene color de noche.
De una noche quieta.

Sobre lunas enormes,
la Eternidad
está fija en las doce.
Y el Tiempo se ha dormido
para siempre en su torre.
Nos engañan
todos los relojes.

El tiempo tiene ya
horizontes.

LA HORA ESFINGE

En tu jardín se abren
las estrellas malditas.
Nacemos bajo tus cuernos
y morimos.

¡Hora fría!
Pones un techo de piedra
a las mariposas líricas
y, sentada en el azul,
cortas alas
y limitas.

Una… dos… y tres.
Sonó la hora en la selva.

El silencio
se llenó de burbujas
y un péndulo de oro
llevaba y traía
mi cara por el aire.

¡Sonó la hora en la selva!
Los relojes de bolsillo
como bandadas de moscas
iban y venían.

En mi corazón sonaba
el reloj sobredorado
de mi abuelita.

SURTIDORES

INTERIOR

Desde mi cuarto
oigo el surtidor.
Un dedo de la parca
y un rayo de sol
señalan hacia el sitio
de mi corazón.

Por el aire de agosto
se van las nubes. Yo
sueño que no sueño
dentro del surtidor.

PAÍS

¡Surtidores de los sueños
sin aguas
y sin fuentes!

Se ven con el rabillo
del ojo; nunca frente
a frente.

Como todas las cosas
ideales, se mecen
en las márgenes puras
de la Muerte.

APARTE

La sangre de la noche
va por las arterias
de los surtidores.

¡Oh qué maravilla
de temblor!

Yo pienso
en ventanas abiertas,
sin pianos y sin doncellas.

¡Hace un instante!
Todavía la polvareda
se mece en el azul.

¡Hace un momento!
¡Dos mil siglos!
si mal no recuerdo.

JARDÍN

Hay cuatro caballeros
con espadas de agua
y está la noche oscura.
Las cuatro espadas hieren
el mundo de las rosas
y os herirán el corazón.
¡No bajéis al jardín!

DIURNO

A Guillermo de Torre

I

CIUDAD

La torre dice: «hasta aquí»
y el ciprés: «yo más allá».

Hombres y mujeres hacen
la Babel de las palabras.

Avanzan por los tejados
violentos zigzag y elipses.

La ciudad adorna su frente
con plumas de humo y silbidos.

Todos buscan lo que no
podrán encontrar jamás.

Y la hierba crece ante
el pórtico del Allí.

II
REACCIÓN

¡Corazón mío, vete
con las sabias tortugas,
corazón mío, por
un Sahara de luz!

De pontifical
con sus capas pluviales,
las tortugas enseñan
lo inútil de los pies.

Saben las falsedades
de horizontes celestes
y dedican su vida
a estudiar una estrella,
una estrella con la
que impregnan el carey.

Corazón mío, vete
con las sabias tortugas.

Hélice para el cuerpo
y alas para el espíritu
¡no te harán falta cuando
sientas andar la tierra!

Corazón mío, apaga
tu vieja sed de límites.

PALIMPSESTOS

A José Moreno Villa

CIUDAD

El bosque centenario
penetra en la ciudad
pero el bosque está dentro
del mar.

Hay flechas en el aire
y guerreros que van
perdidos entre ramas
de coral.

Sobre las casas nuevas
se mueve un encinar
y tiene el cielo enormes
curvas de cristal.

CORREDOR

Por los altos corredores
se pasean dos señores.

>   (Cielo
>   nuevo.
>   ¡Cielo
>   azul!)

... se pasean dos señores
que antes fueron blancos monjes.

    (Cielo
    medio.
    ¡Cielo
    morado!)

... se pasean dos señores
que antes fueron cazadores.

    (Cielo
    viejo.
    ¡Cielo
    de oro!)

... se pasean dos señores
que antes fueron...

Noche.

AIRE

Lleno de cicatrices
está dormido.
Lleno de espirales
y de signos.
La estela del pájaro
y la estela del grito.
Entre la polvareda
de palabras y ritmos

se suceden dos tonos:
negro y amarillo.

MADRIGAL

¡Oh Lucía de Granada!
Muchachita morena
que vives al pie de Torres
Bermejas. Si tus manos...
tus manos...

(Luna llena.)

¡Oh muchacha de Abril!
¡Oh Melisendra!
La de las altas torres
y la rueca.
¡Si tus senos...! ...tus senos...

(Luna media.)

¡Oh mujer de mi blanca
adolescencia!
Atigrada y fecunda
Eva,
en mis brazos te retuerces
como las ramas secas
de la encina en la danza
de la hoguera.

¿Y mi corazón
era de cera?
¿Dónde está?
¿Y mis manos?
¿Y...?

(Luna ciega.)

PRIMERA PÁGINA
A Isabel Clara, mi ahijada.

Fuente clara.
Cielo claro.

¡Oh, cómo se agrandan
los pájaros!

Cielo claro.
Fuente clara.

¡Oh, cómo relumbran
las naranjas!

Fuente.
Cielo.

¡Oh, cómo el trigo
es tierno!

Cielo.
Fuente.

¡Oh, cómo el trigo
es verde!

TORTUGAS

HORA

Bajo el río del aire
lloraban los niños.

(Oh qué polvoriento
se ve el cristal del mundo.)

Los niños lloraban
porque comprendían.

(Mueve el Indostán
su trompa fabulosa
y ladra el perro de
Suecia y Noruega.)

Han visto
la pluma que escribió
los cuentos
sobre la mesa de papá.

(¡Oh cómo se ríe
el diablo.)

BAILE

¡Niña mía,
baila!

El que baila camina
sobre el agua.
¡Y dentro de una
llama!

PAÍSES

NIEVE

Campos sin caminos
y ciudad sin tejados.
El mundo está silencioso
y cándido.

Paloma gigantesca
de los astros.
¿Cómo no baja del azul
el eterno milano?

Ángulo eterno,
la tierra y el cielo.
Con bisectriz de viento.

Ángulo inmenso,
el camino derecho.
Con bisectriz de deseo.

Las paralelas se encuentran
en el beso.
¡Oh corazón
sin eco!
En ti empieza y acaba
el universo.

TRES ESTAMPAS DEL CIELO

*Dedicadas a la señorita Argimira López,
que no me quiso.*

I

Las estrellas
no tienen novio.

¡Tan bonitas
como son las estrellas!
Aguardan un galán
que las remonte
a su ideal Venecia.

Todas las noches salen
a las rejas
-¡oh cielo de mil pisos!-
y hacen líricas señas
a los mares de sombra
que las rodean.

Pero aguardar, muchachas,
que cuando yo me muera
os raptaré una a una
en mi jaca de niebla.

II
GALÁN

En todo el cielo
hay un estrello.

Romántico y loco.
Con frac
de polvo
de oro.

¡Pero busca un espejo
para mirar su cuerpo!

¡Oh Narciso de plata
en lo alto del agua!

En todo el cielo
hay un estrello.

III
VENUS

Efectivamente
tienes dos grandes senos
y un collar de perlas
en el cuello.
Un infante de bruma
te sostiene el espejo.

Aunque estás muy lejana,
yo te veo
llevar la mano de iris
a tu sexo,
y arreglar indolente
el almohadón del cielo.

¡Te miramos con lupa,
yo y el Renacimiento!

CÚCO – CUCO – CUCÓ

A Enrique Díez-Canedo y a Teresa

El cuco divide la noche
con sus bolitas de cobre.

El cuco no tiene pico,
tiene dos labios de niño
que silban desde los siglos.

¡Gato,
esconde tu rabo!

El cuco va sobre el Tiempo
flotando como un velero
y múltiple como un eco.

¡Urraca,
esconde tu pata!

Frente al cuco está la esfinge,
el símbolo de los cisnes
y la niña que no ríe.

¡Zorra,
esconde tu cola!

Un día se irá en el viento
el último pensamiento
y el penúltimo deseo.

¡Grillo,
vete bajo el pino!

Sólo el cuco quedará
partiendo la eternidad
con bolitas de cristal.

LA CANCIÓN DEL CUCO VIEJO

En el arca de Noé
canté.
Y en la fronda
de Matusalem.

Noé era un hombre bueno.
A Matusalem
le llegaba la barba
a los pies.

Lanzo mis silbidos
al cielo. Logré
que cayeran vacíos
otra vez.

Sobre la noche canto.
Cantaré
aunque estéis dormidos.
Cantaré
por todos los siglos
de los siglos. Amén.

PRIMER NOCTURNO DEL CUCO

A pesar de sus ojos
la noche va perdida.

(Sólo el cuco
permanece.)

En la cañavera lloran
vientos indecisos.

(Sólo el cuco
permanece.)

¿Por aquí? ¿Por allí? El Alma
ha perdido su olfato.

(Sólo el cuco
permanece.)

SEGUNDO NOCTURNO DEL CUCO

El cuco dice que Sí.
¡Alégrate, colorín!
El ángel abre las puertas
de su jardín.

El cuco dice que No.
¡Canta, tierno ruiseñor!
Tendremos en cada ojo
una flor.

¡Oh, qué maravillosa
resurrección!

¡Que No!
¡Que Sí!

(La noche se iba
por su confín.)

¡Que Sí!
¡Que No!

(Apurando sus gotas
va el reloj.)

ÚLTIMO NOCTURNO

¡Oh, qué estremecimiento!
El cuco ha llegado,
¡huyamos!

Si tú vieras a la amarga
adelfa sollozar,
¿qué harías, amor mío?

Pensaría en el mar.

Si tú vieses que la luna
te llama cuando se va,
¿qué harías, amor mío?

Suspirar.

Si yo te dijese un día:
«Te amo» desde mi olivar,
¿qué harías, amor mío?

Clavarme un puñal.

¡Oh, qué estremecimiento!
El cuco ha llegado,
¡huyamos!

EN EL BOSQUE DE LAS TORONJAS DE LUNA
Poema extático

PRÓLOGO

Me voy a un largo viaje.

Sobre un espejo de plata encuentro, antes de que amanezca, el maletín y la ropa que debo usar por las extrañísimas tierras y jardines teóricos.

Pobre y tranquilo, quiero visitar el mundo extático donde viven todas mis posibilidades y paisajes perdidos. Quiero entrar frío pero agudo en el jardín de las simientes no florecidas y de las teorías ciegas, en busca del amor que no tuve pero que era mío.

He buscado durante largos días por todos los espejos de mi casa el camino que conduce a ese jardín maravilloso y al fin, ¡por pura casualidad!, lo he encontrado.

Adopté muchos procedimientos. Por ejemplo, me puse a cantar procurando que mi voz se mantuviera larga y tensa sobre el aire, *tuviera el inefable y misterioso fondo italiano*; pero los espejos permanecían silenciosos. Hice complicadas geometrías con la palabra y el ritmo, llené los ojos de plata con mi llanto y hasta puse una pantalla a la lamparita que ilumina la gruta de mi cabeza, ¡pero todo fue inútil!

Una mañana velada, después que había desechado por imposible el proyecto de viaje y me hallaba libre de preocupaciones y de jardines invisibles, fui a peinarme ante un espejo y, sin preguntarle nada, su ancha cara de plata se llenó de un zigzag de cantos de ruiseñores, y en la profundidad del azogue surgió la clave clara y precisa, clave que, naturalmente, me está vedado revelar.

Yo emprendo sereno este viaje y desde luego me lavo las manos; contaré lo que vea pero no me pidáis que explique nada.

Pude haber ido al país de los muertos pero prefiero ir al país de lo que no vive, que no es lo mismo.

Desde luego que un alma *pura y completa* no sentirá esta curiosidad. Voy tranquilo. En el maletín llevo una buena provisión de luciérnagas.

Antes de marchar siento un dolor agudo en el corazón. Mi familia duerme y toda la casa está en un reposo absoluto. El alba, revelando torres y contando una a una las hojas de los árboles, me pone un antifaz blanco y unos guantes de luz.

REFLEXIÓN

Hombre que vas y vienes,
huye del río y del viento,

cierra los ojos y...
...vendimia tus lágrimas.

Con el alma en un hilo,
olvida la pregunta.
No manejes las hoces
de la interrogación.

La pregunta es la yedra
que nos cubre y despista.
Gira ante nuestros ojos
prismas y encrucijadas.

La respuesta es la misma
pregunta disfrazada.
Va como manantial
y vuelve como espejo.

LAS TRES BRUJAS DESENGAÑADORAS
En la puerta del jardín

BRUJA 1a: ¡Ay, flauta del sapo
            y luz del gusano!

BRUJA 2a: ¡Ay, mares de fósforo
            y bosques de acero!

BRUJA 3a: Nuestra enemiga la blanca
            luz de los siete colores.

BRUJA 1a: Mis lágrimas darán el arco
negro de la luz negra.

BRUJA 2a: Vuelvan las cosas, vuelvan
a sus primeros planos.

BRUJA 3a: Reino de la semilla
y la tiniebla extática.

BRUJA 2a: Mundo sin ojos, mundo
sin laberinto, ni reflejo.

BRUJA 3a: Teorías. Altas torres
sin cimientos, ni piedras.

BRUJA 1a: Flauta del sapo.
Luz del gusano.

LAS TRES: Cada cosa en su círculo.
Todos desconocidos.
El viento no contesta
las preguntas del árbol.

BRUJA 3a: ¡Reino de la semilla
y la tiniebla extática!

BRUJA 2a: ¡Ah, flor equivocada
sobre el tallo ignorante!

BRUJA 1a: Hermanas, cegad las siete
pupilas del dragón blanco.

LAS TRES: Cada cosa en su círculo.
Todos desconocidos.
Cansadas estamos ¡bizcas!
de ir por el mismo sitio.

PERSPECTIVA

Dentro de mis ojos
se abre el campo hermético
de las simientes que
no florecieron.

Todas sueñan un fin
irreal y distinto.
(El trigo sueña enormes
flores amarillentas.)

Todas sueñan extrañas
aventuras de sombra.
Frutos inaccesibles
y vientos amaestrados.

Ninguna se conoce;
ciegas y descarriadas,
les duelen sus perfumes
enclaustrados por siempre.

Cada semilla piensa
un árbol genealógico
que cubre todo el cielo
de tallos y racimos.

Por el aire se extienden
vegetaciones increíbles.
Ramas negras y grandes.
Rosas color ceniza.

La luna, casi ahogada
de flores y de ramajes,
se defiende con sus rayos
como un pulpo de plata.

Dentro de mis ojos
se abre el campo hermético
de las simientes
que no florecieron.

EL JARDÍN

Jamás nació, ¡jamás!
Pero pudo brotar.

Cada segundo se
profundiza y renueva.
Cada segundo abre
nuevas sendas distintas.
¡Por aquí! ¡por allí!
va mi cuerpo multiplicado,
atravesando pueblos
o dormido en el mar.

¡Todo está abierto! Existen
claves para las claves.

Pero el sol y la luna
nos pierden y despistan
y bajo nuestros pies muertos
se enmarañan los caminos.

Aquí contemplo todo
lo que pude haber sido:
Dios o mendigo,
agua o roja margarita.

Mis múltiples senderos
teñidos levemente
hacen una gran rosa
alrededor de mi cuerpo.

Como un mapa imposible,
el jardín de lo posible
cada segundo se
profundiza y renueva.

Jamás nació ¡jamás!
¡Pero pudo brotar!

GLORIETA

Sobre el surtidor inmóvil
duerme un gran pájaro muerto.

Los dos amantes se besan
entre fríos cristales de sueño.

«La sortija, ¡dame la sortija!»
«No sé dónde están mis dedos.»
«¿No me abrazas?»
                «Me dejé los brazos
cruzados y fríos en el lecho.»

Entre las hojas se arrastraba
un rayo de luna viejo.

AVENIDA

Las blancas Teorías
con los ojos vendados
danzaban por el bosque.

Lentas como cisnes
y amargas como adelfas.

Pasaron sin ser vistas
por los ojos del hombre,
como de noche pasan
inéditos los ríos,
como por el silencio
un rumor nuevo y único.

Alguna entre su túnica
lleva una gris mirada
pero de moribundo.
                Otras
agitan largos ramos
de palabras confusas.

No viven y están vivas.
Van por el bosque extático.
¡Enjambre de sonámbulas!

(Lentas como cisnes
y amargas como adelfas.)

PARÉNTESIS

Las doncellas dejan un olor
mental ausente de miradas.
El aire se queda indiferente,
como una gran camelia blanca de cien hojas.

CANCIÓN DEL JARDINERO INMÓVIL

Lo que no sospechaste
vive y tiembla en el aire.

Al tesoro del día
apenas si tocáis.

Van y vienen cargados
sin que los mire nadie.

Vienen rotos pero vírgenes
y hechos semilla salen.

Os hablan las cosas y
vosotros no escucháis.

El mundo es un surtidor
fresco, distinto y constante.

Al tesoro del día
apenas si tocáis.

Os veda el *puro silencio*
el torrente de la sangre.

Pero dos ojos tenéis
para remontar los cauces.

Al tesoro del día
apenas si tocáis.

Lo que no sospechaste
vive y tiembla en el aire.

El jardín se enlazaba
por sus perfumes estancados.

Cada hoja soñaba
un sueño diferente.

LOS PUENTES COLGANTES

¡Oh, qué gran muchedumbre,
invisible y renovada,
la que viene a este jardín
a descansar para siempre!

Cada paso en la Tierra
nos lleva a un mundo nuevo.
Cada pie lo apoyamos
sobre un puente colgante.

Comprendo que no existe
el camino derecho.
Sólo un gran laberinto
de encrucijadas múltiples.

Constantemente crean
nuestros pies al andar
inmensos abanicos
de senderos en germen.

¡Oh jardín de las blancas
teorías! ¡Oh jardín
de lo que no soy pero
pude y debí haber sido!

ESTAMPAS DEL JARDÍN

Las antiguas doncellas
que no fueron amadas
vienen con sus galanes
entre las quietas ramas.

Los galanes sin ojos
y ellas sin palabras
se adornan con sonrisas
como plumas rizadas.

Desfilan bajo grises
tulipanes de escarcha
en un blanco delirio
de luces enclaustradas.

La ciega muchedumbre
de los perfumes vaga
con los pies apoyados
sobre flores intactas.

¡Oh luz honda y oblicua
de las yertas naranjas!
Los galanes tropiezan
con sus rotas espadas.

EL SÁTIRO BLANCO

Sobre narcisos inmortales
dormía el sátiro blanco.

Enormes cuernos de cristal
virginizaban su ancha frente.

El sol, como un dragón vencido,
lamía sus largas manos de doncella.

Flotando sobre el río del amor
todas las ninfas muertas desfilaban.

El corazón del sátiro en el viento
se oreaba de viejas tempestades.

La siringa en el suelo era una fuente
con siete azules caños cristalinos.

YO

¡Ah, fantasma esquelético,
árbol lleno de nieve,
chopo de todas
las pasiones!

No hay hacha que logre
talar tu madera,
ni llama que abarque
tus brazos enhiestos.
Continúas siempre.
Eres magnífico.
Eterno.

YO

¡Guardián de la humanidad!
Espanta-querubes
y espanta-virtudes.
Debieras llevar sable
Y casco.

YO

Imperativo.
Nido
del águila del *Más*.

YO

Me siento atravesado
por la grave Y griega.
(bieldo de académicos,
toro del alfabeto).
Y la O cual corona
de tinta en mis pies.

ARCO DE LUNAS

Un arco de lunas negras
sobre el mar sin movimiento.

Mis hijos que no han nacido
me persiguen.

«¡Padre, no corras, espera,
el más chico viene muerto!»
Se cuelgan de mis pupilas.
Canta el gallo.

El mar hecho piedra ríe
su última risa de olas.
«¡Padre, no corras!» ...
         Mis gritos
se hacen nardos.

ESCENA

Altas torres.
Largos ríos.

HADA: Toma el anillo de bodas
 que llevaron tus abuelos.
 Cien manos bajo la tierra
 lo echarán de menos.

YO: Voy a sentir en mis manos
 una inmensa flor de dedos
 y el símbolo del anillo.
 ¡No lo quiero!

Altas torres.
Largos ríos.

CANCIÓN DEL MUCHACHO DE SIETE CORAZONES

Siete corazones
tengo.
Pero el mío no lo encuentro.

En el alto monte, madre,
tropezábamos yo y el viento.
Siete niñas de largas manos
me llevaron en sus espejos.

He cantado por el mundo
con mi boca de siete pétalos.

Mis galeras de amaranto
iban sin jarcias y sin remos.

He vivido los paisajes
de otras gentes. Mis secretos
alrededor de la garganta
¡sin darme cuenta! iban abiertos.

En el alto monte, madre,
(mi corazón sobre los ecos
 dentro del álbum de una estrella)
tropezábamos yo y el viento.

Siete corazones
tengo.
¡Pero el mío no lo encuentro!

CANCIONCILLA DEL NIÑO QUE NO NACIÓ

¡Me habéis dejado sobre una flor
de oscuros sollozos de agua!

El llanto que aprendí
se pondrá viejecito
arrastrando su cola
de suspiros y lágrimas.

Sin brazos ¿cómo empujo
la puerta de la Luz?
Sirvieron a otro niño
de remos en su barca.

Yo dormía tranquilo.
¿Quién taladró mi sueño?
Mi madre tiene ya
la cabellera blanca.

¡Me habéis dejado sobre una flor
de oscuros sollozos de agua!

OLOR BLANCO

¡Oh, qué frío
perfume de jacintos!

Por los cipreses blancos
viene una doncella.
Trae sus senos cortados
en un plato de oro.

(Dos caminos.
Su larguísima cola
y la Vía Láctea)

Madre
de los niños muertos,
tiembla con el delirio
de los gusanos de luz.

¡Oh, qué frío perfume
de jacintos!

ENCUENTRO

Flor de sol.
Flor de río.

YO: ¿Eras tú? Tienes el pecho
iluminado y no te he visto.

ELLA: ¡Cuántas veces te han rozado
las cintas de mi vestido!

YO: Sin abrir, oigo en tu garganta
las blancas voces de mis hijos.

ELLA: Tus hijos flotan en mis ojos
como diamantes amarillos.

YO: ¿Eras tú? ¿Por dónde arrastrabas
esas trenzas sin fin, amor mío?

ELLA: En la luna. ¿Te ríes? Entonces
alrededor de la flor del narciso.

YO: En mi pecho se agita, sonámbula,
una sierpe de besos antiguos.

ELLA: Los instantes abiertos clavaban
sus raíces sobre mis suspiros.

YO: Enlazados por la misma brisa
      frente a frente ¡no nos conocimos!

ELLA: El ramaje se espesa. ¡Vete pronto!
      ¡Ninguno de los dos hemos nacido!

           Flor de sol.
           Flor de río.

DUNA

Sobre la extensa duna
de la luz antiquísima
me encuentro despistado
sin cielo ni camino.

El Norte moribundo
apagó sus estrellas.
Los cielos naufragados
se ondulaban sin prisa.

Por el mar de la luz
¿dónde voy? ¿a quién busco?
Aquí gime el reflejo
de las lunas veladas.

¡Ah, mi fresco pedazo
de madera compacta,
vuélveme a mi balcón
y a mis pájaros vivos!

El jardín seguirá
en la orilla del tiempo
golpeando furioso
las puertas de la vida.

El jardín seguirá
moviendo sus arriates
sobre la ruda espalda
del silencio encallado.

AMANECER Y REPIQUE
Fuera del jardín

El sol con sus cien cuernos
levanta el cielo bajo.

Su mismo gesto repiten
los toros en la llanura.

La pedrea estremecida
de los viejos campanarios

despierta y pone en camino
el gran rebaño del viento.

En el río ahora comienzan
las batallas de los peces.

Alma mía niño y niña,
¡¡silencio!!

Apéndice

HERBARIOS

LIBRO
I

El viajante de jardines
lleva un herbario.
Con su tomo de olor, gira.

Por las noches vienen a sus ramas
las almas de los viejos pájaros.

Cantan en ese bosque comprimido
que requiere las fuentes del llanto.

Como las naricillas de los niños
aplastadas en el cristal opaco,
así las flores de este libro
sobre el cristal invisible de los años.

El viajante de jardines
abre el libro llorando
y los olores errabundos
se desmayan sobre el herbario.

II

El viajante del tiempo
trae el herbario de los sueños.

YO: ¿Dónde está el herbario?
EL VIAJANTE: Lo tienes en tus manos.
YO: Tengo libres los diez dedos.
EL VIAJANTE: Los sueños bailan en tus cabellos.
YO: ¿Cuántos siglos han pasado?
EL VIAJANTE: Una sola hora tiene mi herbario.
YO: ¿Voy al alba o a la tarde?
EL VIAJANTE: El pasado está inhabitable.
YO: ¡Oh jardín de la amarga fruta!
EL VIAJANTE: ¡Peor es el herbario de la luna!

III

En mucho secreto, un amigo
me enseña el herbario de los ruidos.

(¡Chisss... silencio!
La noche cuelga del cielo.)

A la luz de un puerto perdido
vienen los ecos de todos los siglos.

(¡Chisss... silencio!
¡La noche oscila con el viento!)

(¡Chisss… silencio!)
Viejas iras se enroscan en mis dedos.

[SUITE]

DESDE AQUÍ

Decid a mis amigos
que he muerto.
(El agua canta siempre
bajo el temblor del bosque.)

Decid a mis amigos
que he muerto.
(¡Cómo ondulan los chopos
la gasa del sonido!)

Decid que me he quedado
con los ojos abiertos
y que cubría mi cara
el inmortal pañuelo
del azul.

¡Ah!
Y que me fui sin pan a
mi lucero.

DESPUÉS
(Sobre el prado indeciso)

He llegado a la puerta
del *Luego*.
¡Dadme la guitarra!
Todo el mundo está blanco.
¡Dadme la guitarra!
Me iré a contar los pinos
de aquella montaña
o las arenas
de la mar salada.
He dejado en el viento
procesiones de lágrimas
y voy a divertirme
por las playas del alma.

(Llevo gafas de oro
y un frac color naranja.)

TARDE

Ha llegado la hora
de ser sinceros,
la hora de los llantos
sin consuelo,
la última hora antes
del gran silencio.
Quitarse los vestidos,
la carne, los huesos
y arrojad de vosotros

el corazón enfermo.
¡Llanto y Salud, amigos!
Esperad a los vientos
cargados de semillas
y paisajes inéditos.
Floreced y arrancaos
la floración de nuevo,
vestidos inefables,
corazón, carne y huesos.
¡Llanto y Salud, amigos!
Frente al mar de los vientos
para ser vivos siempre
ser murientes eternos.

[SUITE]

ESPERA

Mi cuerpo viejo
con mi alma vieja
me esperan.

(Donde los ríos
abren sus manos.)

Sin lámpara,
sin luciérnaga,
¡en la niebla!

(Donde el brazo
del río
abre su mano.)

Mi cuerpo viejo
me hace señas
detrás de una telaraña.

(Desde el ombligo
del mar.)

PAISAJE VISTO CON LA NARIZ

Un temblor frío
cauterizado
por los gallos
enturbia la llanura.
En la casa
queman paja
de trigo.

Los arados vendrán
al amanecer.

ESFERA

Es lo mismo
río que surtidor.

Los dos
van a las estrellas.

Es lo mismo
picacho que hondonada.

A los dos
los cubre la sombra.

OCASO

El sol
del ocaso
penetra por la entraña
como los rayos X.
Abre las fachadas
y despierta
el cristal del corazón.
¡Tened cuidado!
El aire entra en las salas
siniestras del secreto
y las palabras prisioneras
se asoman a las pupilas.

Por eso el prudente
gallo
encierra a sus gallinas
en el crepúsculo.

[EPITAFIO A UN PÁJARO]

[ADIÓS, PÁJARO VERDE]

[...]
y sus ojos tuvieron
profundidad de siglos
mientras se le irisaba
la gran perla del pico.

Adiós, pájaro verde.
Ya estarás en el Limbo.
Visita de mi parte
a mi hermano Luisillo
en la pradera
con los mamoncillos.

¡Adiós, pájaro verde,
tan grande y tan chico!
¡Admirable quimera
del limón y el narciso!

ACCIÓN DE GRACIAS

Gracias, Señor lejano,
Señor y Padre mío,
que me das una inmensa
lección de lirismo.

¡Oh Santo, Santo, Santo,
que muestras el divino
momento de la muerte
sin velos, a mi espíritu!

Dame la dignidad
del pájaro y el ritmo
de sus alas abiertas
ante lo sombrío.

¡Oh Santo, Santo, Santo!
Esta noche te pido
agua para mis ojos,
sombra para mis gritos.

MEMENTO

He acostado al cantor
sobre un gran crisantemo
y escribo su epitafio.

Memento.

La Tierra duerme bajo
su mantilla de viento
con mares encrespados
y con mares serenos.

Memento.

Ahora mismo se hacen
preguntas los luceros.
Tú sabes la respuesta
que no conocen ellos.

Memento.

Yacerás una noche
sobre un lírico lecho.
¿Qué niño durmió nunca
en una flor su sueño?

Memento.

Y esta noche enviaré
para velar tu cuerpo
la mariposa enorme
de mi único beso.

¡Memento!

CRUZ

NORTE

Las estrellas frías
sobre los caminos.
Hay quien va y quien viene
por selvas de humo.

Las cabañas suspiran
bajo la aurora perpetua.
¡En el golpe
del hacha
valles y bosques tienen
un temblor de cisterna!
¡En el golpe
del hacha!

SUR

Sur,
espejismo,
reflejo.
Da lo mismo decir
estrella que naranja,
cauce que cielo.

¡Oh la flecha,
la flecha!
El Sur
es eso:
una flecha de oro,
¡sin blanco! sobre el viento.

ESTE

Escala de aroma
que baja
al Sur
(por grados conjuntos).

OESTE

Escala de luna
que asciende
al Norte
(cromática.)

EL JARDÍN DE LAS MORENAS
(Fragmentos)

PÓRTICO

El agua
toca su tambor
de plata.

Los árboles
tejen el viento
y las rosas lo tiñen
de perfume.

Una araña
inmensa
hace a la luna
estrella.

ACACIA

¿Quién segó el tallo
de la luna?
(Nos dejó raíces
de agua.)
¡Qué fácil nos sería cortar las flores
de la eterna acacia!

ENCUENTRO

María del Reposo,
te vuelvo a encontrar
junto a la fuentefría
del limonar.
¡Viva la rosa en su rosal!

María del Reposo,
te vuelvo a encontrar,
los cabellos de niebla
y ojos de cristal.
¡Viva la rosa en su rosal!

María del Reposo,
te vuelvo a encontrar.
Aquel guante de luna que olvidé

¿dónde está?
¡Viva la rosa en su rosal!

LIMONAR

Limonar.
Momento
de mi sueño.

Limonar.
Nido
de senos
amarillos.

Limonar.
Senos donde maman
las brisas del mar.

Limonar.
Naranjal desfallecido,
naranjal moribundo,
naranjal sin sangre.

Naranjal.
Tú viste mi amor roto
por el hacha de un gesto.

Limonar.
Mi amor niño, mi amor
sin báculo y sin rosa.

Limonar.

Índice de contenidos

INTRODUCCIÓN 9
ADVERTENCIA AL LECTOR 45
CRONOLOGÍA 49

Cielo bajo. Suites

VIAJE 67

[La boca del ocaso] 67
Melancolía vieja 67
Salutación 67

CANCIONES BAJO LA LUNA 69

Luna llena 69
Colores 70
Capricho 70
Salomé y la luna 70

ESTAMPAS DEL MAR 72

[El mar] 72

Contemplación 73
Nocturno 73
Guardias 74
Dos estrellas del mar 74

JUGUETES 75

Jardín 75
Equipaje 75
Gabinete 75

SUITE DEL AGUA 76

País 76
Temblor 76
Acacia 77
Curva 77
Colmena 78

SUITE DE LOS ESPEJOS 78

Símbolo 78
El gran espejo 79
Reflejo 79
Rayos 79
Réplica 80
Tierra 80
Capricho 80
Sinto 81
Los ojos 82
Initium 83
Berceuse al espejo dormido 83

Aire	84
Confusión	84
Remanso	85
REMANSOS	85
[Ciprés]	85
Variación	86
Remansillo	86
Canción	87
Sigue	87
Media luna	88
CAPRICHOS	88
Sol	88
Pirueta	88
MOMENTOS DE CANCIÓN	89
Canción con reflejo	89
Canción sin abrir	90
Sésamo	91
Canción bajo lágrimas	92
Puesta de canción	93
Paisaje sin canción	93
FERIAS	94
Poema de la feria	94
Caballitos	95
Feria astral	96

Verbena	97
Grito	98
Tambor	98
Rosas de papel	99
Luna de feria	100
Canción morena	101
Columpio	102
Confusión	102
Ocaso de feria	103
Trino	103
SOMBRA	104
Pueblo	104
Memento	105
Murciélago	105
Fin	105
Osa mayor	107
Poniente	107
Cumbre	108
Sauce	109
NOCHE	109
[Estrellas amaestradas]	109
Rasgos	110
Preludio	110
Rincón de cielo	111
Total	111
Un lucero	112
Franja	112
Una	112

Madre 113
Recuerdo 113
Hospicio 113
Cometa 114
Venus 114
Abajo 114
La gran tristeza 115

CUATRO BALADAS AMARILLAS 115

I 115
II 116
III 116
IV 117

RETORNO 118

El regreso 118
Corriente 119
Hacia... 120
Recodo 120
Despedida 121
Ráfaga 121

ÁLBUM BLANCO 122

Primera página 122
Segunda página 123
Tercera página 124
Cuarta página 124
Quinta página 124
Última página 125

HORAS DE VERANO 127

[Afilador] 127
Las tres 128
Las cinco 128
Las seis 129
Las siete 129
Las ocho 129
Las nueve 130
Vilano de noche 130

SECRETOS 131

Fuente 131
Pan 131
Leñador 132
Espejo 132
Puerta abierta 133
Viaje 134
Botica 134
Doncellita 135

SEIS CANCIONES DE ANOCHECER 136

Horizonte 136
Pescadores 136
Solitario 137
Delirio 137
Memento 138
Última luz 140

TRES CREPÚSCULOS 140

I	140
II	141
III	141
RÍO AZUL	142
[Río azul]	142
Sueños	143
Soledad	145
HISTORIETAS DEL VIENTO	146
[El viento venía rojo]	146
Calma	147
Brisa	147
Rosa	148
Escuela	148
MEDITACIONES Y ALEGORÍAS DEL AGUA	149
Ensueños del río	151
Corriente lenta	152
BARRA	152
LA PALMERA	154
Límites	154
Palmera	155
Mediterráneo	155
La palma	156

NEWTON 157

[En la nariz de Newton] 157
En el bosque 157
Armonía 158
El último paseo del filósofo 159
Réplica 160
Pregunta 161

CASTILLO DE FUEGOS ARTIFICIALES QUEMADO
CON MOTIVO DEL CUMPLEAÑOS DEL POETA 161

Primera cohetería 161
Rueda Catalina 162
Seis cohetes 162
Jardín chino 163
Girasol 164
Disco de rubíes 164
Capricho 165
Juego de lunas 166

RUEDAS DE FORTUNA 167

Abanico 167
Ruleta 168

MADRIGALES 168

I 168
II 169

CARACOL 170

[Caracol]	170
Espiral	170
Balada del caracol blanco	171
Balada del caracol negro	172
[SUITE]	173
Abandono	173
Estío	174
Canción de la desesperanza	174
LA SELVA DE LOS RELOJES	175
Maleza	176
Vista general	177
Él	177
Donde se ahoga el sueño	178
Eco del reloj	178
Meditación primera y última	179
La hora esfinge	179
SURTIDORES	180
Interior	180
País	181
Aparte	181
Jardín	182
DIURNO	183
I. Ciudad	183
II. Reacción	184

PALIMPSESTOS 185

Ciudad 185
Corredor 185
Aire 186
Madrigal 187
Primera página 188

TORTUGAS 189

Hora 189
Baile 190

PAÍSES 190

Nieve 190
Mundo 191

TRES ESTAMPAS DEL CIELO 191

I. [Las estrellas] 191
II. Galán 192
III. Venus 193

CÚCO-CUCO-CUCÓ 194

[El cuco divide la noche] 194
La canción del cuco viejo 195
Primer nocturno del cuco 196
Segundo nocturno del cuco 196
Último nocturno 197

EN EL BOSQUE DE LAS TORONJAS DE LUNA 198

Prólogo 198
Reflexión 199
Las tres brujas desengañadoras 200
Perspectiva 202
El jardín 203
Glorieta 204
Avenida 205
Paréntesis 206
Canción del jardinero inmóvil 206
Los puentes colgantes 207
Estampas del jardín 208
El sátiro blanco 209
Yo 210
Arco de lunas 211
Escena 212
Canción del muchacho de siete corazones 212
Cancioncilla del niño que no nació 213
Olor blanco 214
Encuentro 215
Duna 216
Amanecer y repique 217

APÉNDICE

HERBARIOS 218

Libro (I-II-III) 218

[SUITE] 220

Desde aquí 220
Después 221
Tarde 221

[SUITE] 222

Espera 222
Paisaje visto con la nariz 223
Esfera 223
Ocaso 224

[EPITAFIO A UN PÁJARO] 225

[Adiós, pájaro verde] 225
Acción de gracias 225
Memento 226

CRUZ 227

Norte 227
Sur 228
Este 229
Oeste 229

EL JARDÍN DE LAS MORENAS (Fragmentos) 229

Pórtico 229
Acacia 230
Encuentro 230
Limonar 231